BIBLIOTHECAE
ILLUSTRISSIMI COMITIS
ALEXII RAZUMOWSKY
MONUMENTA TYPOGRAPHICA.

A Monsieur
Vanpraet.

G. Fischer.

NOTICE

DES

MONUMENS TYPOGRAPHIQUES

QUI SE TROUVENT

DANS LA BIBLIOTHÈQUE

DE MONSIEUR LE COMTE

ALEXIS RAZOUMOFFSKY

Conſeiller privé actuel, Chambellan actuel, Miniſtre de l'Inſtruction Publique, Chevalier de l'Ordre de St. Alexandre Nefsky, etc.

Avec une planche.

MOSCOU,

e l'Imprimérie de l'Université Impériale.

1810.

PRÉFACE.

Cette notice ne doit être considérée que comme un catalogue manuscrit à l'usage du propriétaire, et pour y placer des observations, des additions nouvelles ou des acquiſitions faites qui ne ſe trouvent pas dans le même local, et pour faciliter la corréspondance avec les amateurs de ces objets.

Les premières presſes de Mayence, de Strasbourg, de Cologne ſe trouvent en tête, les autres monumens ont été exposés par ordre chronologique depuis 1470 jusqu'en 1520. On a placé à la fin les typographes anonymes et les monumens ſans date.

PRÉFACE.

Une table des auteurs, des imprimeurs, et des villes où les presſes étoient établies rendra cette notice très propre à l'usage d'une bibliothèque particulière.

MOSCOU. FEVRIER. 1810.

MONUMENS TYPOGRAPHIQUES DE MAYENCE

MONUMENS TYPOGRAPHIQUES

DE MAYENCE

I DE JEAN GUTENBERG.

Ou de Jean Gänsfleisch de Sorgenloch dit zum Gutenberg.

1450 – 1455.

1. Bibliorum latinorum ſine anno fragmentum.

Marchand hiſt. de l'Imprim. p. 22. IV.

David Frid. Meyerlin annus bibliorum 1450. primor. impreſſ. Mogunt. Francof. ad Moenum. 1750. 4. l'auteur l'attribue à Gutenberg et Fuſt.

Denis ſuppl. p. 512.

Schelhorn diatribe de antiq. bibl. edit.

Zapf Buchdr. p. 123.

Panzer Annal. vol. 2. p. 136. n. 87.

Fischer's Typogr. Seltenh. vol. 3. p. 72. n. 32.

Fischer Eſſai p. 75. n. 5.

Peignot Eſſai. p. 135.

Serna Santander Cat. bibliogr. 2. p. 176. n. 258.

2. Donati de octo partibus orationis fragmentum.

Imprimé avec les mêmes caractères de la Bible.

Panzer Annal. vol. 2. p. 139. n 96.

Fischer *typogr. Seltenh.* I. p. 53. et *Essai sur les monumens typographiques de Jean Gutenberg.* in 4. p. 68. n. 2.

Wyttenbach a depuis decouvert un fragment de Donate imprimé avec les mêmes caractères qui porte la souscription suivante:

Explicit donatus. arte nova imprimendi seu caracterizandi per Petrum de Gernszheim in urbe moguntina cum suis capitalibus absque calami exaratione effigiatus.

Il s'agit donc de demontrer deux éditions si Gutenberg doit en avoir imprimé une. Mais même dans le cas contraire, il en devient d'autant plus authentique, que c'étoient les caractères de Gutenberg dont Fust faisoit acquisition par la ruption du contrat avec Gutenberg. Serna Santander (catalogue bibliographique Tom. 2. p. 180) est de la même opinion, en disant: „Mr. G. Fischer, en attribuant ce Donate, dont il n'avoit vu qu'un fragment sans souscription, à J. Gutenberg, ne s'est pas éloigné de la verité; on peut dire qu'il a fait une erreur ſans ſe tromper ; car si l'impression a été faite par Schöffer, ce fut toujours avec les caractères que Gutenberg avoit été obligé d'abandonner à Fuſt, avec toute ſon imprimerie, enſuite de l'acte judiciaire du 6 Nov. 1455."

1460.

3. Ioannis Balbi de Janua ſumma, quae vocatur catholicon.

Moguntiae, absque nomine Typographi.

La ſouſcription eſt contenue en ces termes :

Altissimi praesidio cujus nutu infantium lingue fiunt diſerte. Qui q3 nuo ſepe puulis revelat quod ſapientibus celat. Hic liber egregius. catholicon. dnice incarnationis annis M. CCCC lx Alma in urbe maguntina nacionis inclite Germanice. Quam Dei clemencia tam alto ingenii lumine. donoq; gtuito. ceteris terraꝝ nacionibus preferre. illuſtrare q; dignatus eſt non calami ſtili. aut penne ſuffragio. ſ; mira patronaꝝ formaꝝ q; concordia pporcione & modulo. impreſſus atque confectus eſt.

Hinc tibi ſancte pater nato cum flamine ſacro. Laus & honor dno trino tribuatur & uno. Ecclesie laude libro-

hoc catholice plaude qui laudare piam
ſemper non linque mariam.

DEO GRATIAS.

Le catholicon de 1460 fut vendu chez Gaignat, n. 1405, 1222 liv.; chez la Vallière, n. 2199. 2001 liv. chez Crevenna, n. 3094. 700 flor. d'Hollande.

Quelques auteurs attribuent cette ouvrage de 378 feuilles in folio à la preſſe de Fuſt et Schöffer.

Schlegel Proluſ. I. p. 3.

Laire Index. I. p. 56.

Fournier origine p. 238.

Marchand hiſtorie p. 36. n. IX.

Panzer Annal. II. p. 113. n. 5.

Zapf Buchdruckergeſch. p. 18.

Zapf Reiſe von Augsburg in das kloſter Fürſtenberg, V. Allgem. litterarischer Anz. 1801. No. 128. p. 1217. et No. 129. p. 1225—1232.

D'autres typographes l'ont préſentée comme une impression de Jean Gutenberg.

Fiſcher's typogr. Seltenh. I. p. 61. IV. 24.

Essai p. 83. n. 8.

Zapf's Turrecremata. Voy. la dedicace à Mr. le Profeſſeur G. Fischer.

Serna Santander Cat. Bibl. 2. 139. n. 200.

Breitkopf über die Geſchichte d. Erfind. d. Buchdrk. Lpzig. 1779. 4. p. 47. paroit avoir été de la dernière opinion.

Il n'exiſte plus de doute aujourd'hui ſur ſon imprimeur.

C'eſt l'ouvrage de Jean Gutenberg.

Il eſt même demontré aujourd'hui par un document, que les caractères que les Bechtermünze employoient plus tard à Elfeld, et qui ſont les mêmes d'avec ceux du catholicon, n'ont point été achetés de Conrad Humery, comme on le penſoit juſqu'à préſent, mais acquis par héritage. Une Bechtermünze étoit mariée avec un Sorgenloch, comme un ancien Epitaphe à *Ellfeld* le demontre, dont on a conſervé la copie.

1461.

4. Lettre d'indulgence ; in 8.

Elle commence, avec beaucoup d'abbréviations :

Notum sit vnusis pntas (sic, l. praeſentes) lras inſpturis. etc.

in fine :

datum Wormat. — anno Millesimo quadringentesimo ſexagesimo primo.

Cette lettre eſt reſtée inconnue aux typographes. Elle eſt composée de 15 lignes, et a quatre pouces le longueur ſur deux pouces et quelques lignes de largeur ou de hauteur. Elle eſt imprimée ſur Velin avec les mêmes caractères du *Catholicon* de 1460.

ſans date.

5. Mathaei de Cracovia tractatus rationis et conſcientiae in 4. ſ. l. et a.

Cet ouvrage de 22 feuilles in 4, eſt aussi imprimé avec les caractères du *Catholicon*, et attribué par tous les typographes à Jean Gutenberg.

Seemiller. I. p. 191.

Denis ſuppl. p. 648.

Zapf. Buchdrkgesch. p. 146.

Panzer Annal. II. p. 137. n. 89.

Fischer typogr. Seltenh. III. 79. n. 33.

——— Eſſai. p. 86. n. 7.

Serna Santander. III. p. 350. n. 510.

II. Editions de Jean Fust et Pierre Schöffer.

1457.

6. Fragment du, Pſeautier in fol.

Maittaire. p. 270.

Schwarz docum. II. p. 7.

Zapf. p. 7.

Panzer Ann. II. p. 111. n. 1.

Fischer Eſſai. p. 44.

Sans date.

7. Canon Miſſae. ſur velin. 8. feuillets, in fol. Imprimé avec les mêmes caractères. ſ. l. et a.

Il comence avec une très grande lettre initiale imprimée en double couleurs:

Te igitur clementissime pater. Per Ihefum Chriſtum filium tuum Dominum noſtrum. Supplices rogamus.

Les lettres initiales et quelques lignes ſont imprimées en rouge. Sur le quatrième feuillet recto et tout le verſo il y a des caractères plus petits qui reſſemblent à ceux de la Bible de 1455. Il finit avec les mêmes caractères ſur le ſixième feuillet recto. Le verſo eſt blanc. Quelques auteurs ont annoncé ce canon comme appartenant aux premiers tems de l'Imprimerie. Il y en a un ſeul exemplaire ſemblable à la Bibliothèque de *Gotha*, pour lequel on a payé une grande ſomme. Mais il paroît que ce canon ne ſoit pas un ouvrage iſolé et complet, mais qu'il appartient plutôt a un Miſſale, dans lequel le *canon* étoit toujours imprimé avec des caractères majuscules ; et ſouvent ſur velin, même si le reſte du *Miſſale* ou *Miſſel* étoit imprimé ſur papier.

1462.

8. Fragment de la Bible latine in fol.

Celle bible complète à été vendue chez la Vallière pour 4085 liv.

Maittaire. p. 272.

Marchand hiſt. p. 33. n. XI.

Zapf. Mainz. Buchdrukergesch. p. 22.

Panzer Annal. II. 114. n. 6.

Fiſcher Eſſai p. 91.

9. Thomas de Aquino de arte praedicandi.

Imprimé avant 1466.

Fischer typogr. Sellenh. III. p. 105. n. 40. L'auteur paroit tenté d'accorder l'ancienneté à cette édition. Mais une comparaiſon exacte des deux éditions fait penſer le contraire. Voyez les notes ſur l'édition de Mentel ſous no. 38.

Fischer Eſſai. p. 89.

1476.

11. Conſtitutiones Clementis Papae V. in fol.

Sur papier ; vendu chez la Vallière pour 650 liv.

Maittaire. p. 364.

Zapf. p. 80.

Panzer. II. 127. n. 41.

Fischer. Eſſai. p. 92.

1478.

12. Pauli a Sta. Maria dialogus qui vocatur ſcrutinium ſcripturarum.

Maittaire. p. 385.

Zapf. p. 87.

La Vallière. I. p. 41.

Schwarz II. p. 41.

Panzer. II. 129. n. 48.

Fischer Eſſai p. 93.

Serna Santander. III. 148. n. 910.

Sans date.

12. Beati Auguſtini ſermo eccleſiaſticus de feſto Mariae virginis. in fol.

in fine, les écuſſons de Fuſt et Schöffer; les caractères ſont les mêmes comme dans la bible de 1462.

de Bure dans la Vallière. I. p. 169.

Denis ſupplem. p. 499.

Zapf. p. 136.

Panzer Annal. II. 140. n. 101.

Fischer Eſſai. p. 92.

13. Ioannis de Tambaco conſolatio Theologiae. in 4.

S. l. et a. circa 1475.

de Bure Cat. de la Vall. n. 555.

Fischer Eſſai, p. 93.

14. Antonini tract. de inſtructione directione simplicium confeſſorum in 4.

Avec les écuſſons de Fuſt et Schöffer; caractères *Rota.*

Denis ſupl. II p. 491. n. 4202.
Zapf p. 135. n. 96.

1478.

15. Bartholomaeus de Chaymis Interrogatorium sive confessionale. in 4.

Zapf. p. 88. n. 47.

Panzer. Annal. II. 129. n. 50.

Serna Santander II. 293. n. 418.

Fischer Eſſai. p. 91. caractère *Rota.*

Sans date.

16. Bulla indulgentiarum continens avisamentum cenfefforum. in fol. pat.

On lit au commencement verfo, avec les caractères de Donate :

Sequuntur Avisamenta confefforum. Primo. dicti confeffores honorem dei omnipotentis. Sancte fedis apl'ice (sic) indulgentias. et aimaꝝ falutem procurabunt.

Le texte eft imprimé avec le caractère de la Preffe de Fust et Schöffer que Mr. Fischer nomme Paul. La première page contient avec l'inscription 47 lignes. La feconde page commence avec les mêmes lettres de Donate (ou de la Bible de 1455) :

Forma abfolutionis.

Mifereatur (en caractères de Paul) tui ommipotens deus etc. Dns nofter Ihefus Criftus etc.

Elle finit au milieu de la page avec les mots :

Dando tibi plenissimam omnium tuoꝝ peccatoꝝ remissionem et

Jubileum in forma ecclésiae conſueta. In noie patris et ſilii et ſpus ſancti amen.

Toute celle page ne contient que 30 lignes avec l'inscription.

Le papier eſt fort et porte comme marque la petite tête de boeuf.

17. Leonardi Aretini praefatio in Magni Basilii librum. in 4.

In fine:

Impreſſum Moguntie et p. Martinum Brenningarium (quo facilius intelligatur) rubricis titulisque interſtinctus.

Avec les caractères *Rota* de Pierre Schöffer.

Laire Index. I. p. 28.

Panzer Annal. II. 141. n. 107.

Fischer Eſſai. p. 91.

1482.

18. Litterae indulgentiarum; folium in quarto oblongo.

Imprimée ſur papier qui porte la marque de tête de boeuf. Le caractère reſſemble à celui que

Schöffer a employé dans *Pauli a Sta Maria ſcrutinium ſcripturarum.* Mais les lettres qui ſervent d'inſcription au milieu et à la fin ſont plus grandes:

Forma abſolutonis.

In mortis articulo adjungenda eſt hec clauſula.

Elles commencent:

Pateat universis nualibus (sic) devotis etc.

Ces lignes ne paroiſſent pas dans les autres éditions de Mayence

L'atteſtat eſt inscrit à la main:

In cuiq rei fidem et teſtimonium ego. Frater Emericus de Kemel ordinis minorum de obſervancia nuncupatorum.

1488.

19. Litterae indulgentiarum, in fol oblongo.

Sur papier, avec les caractères *Paul.*

Fischer typogr. Seltenh. VI. p. 50. n. 95.

20. La même lettre ſur velin.

Imprimée avec d'autres caractères, dont l'imprimeur ne peut pas être indiqué avec certitude.

Fischer typogr. Seltenh. VI. p. 52. n. 96. l'attribue à une preſſe Italienne.

1489.

21. Legenda miraculi ſti Goaris. in 4.

Imprimé par Pierre Schöffer avec le caractère *Rota.*

Laire Ind. II. p. 125.

Zapf. Mainz. Buchd. gesch. p. 100. n. 60.

Panzer. Annal. II. 131. n. 61.

Fischer Eſſai p. 91.

277. Statuta provincialia Moguntina vetera et nova. 1451. in fol.

S'il eſt permis de former des conjectures d'après une date manuscrite, comme Ioſeph Vernazza (*Lezzione ſopra la ſtampa. Cagliari* 1778.) qui penſoit que l'imprimerie ſoit inventée à Wurzbourg en 1453, parcequ'il a vu un ouvrage: *Concilium Würzburgenſe*, dont le dernier a été tenu en 1453, il ne reste pas de doute que Mayence en reçoit des droits antérieures parceque ces statuts contiennent distinctement la date de 1451. Bien des bibliographes l'ont aussi attribué à Gutenberg.

Seemiller, II. p. 172.

Denis. Supl. p. 670.

Zapf. Mainz. Buchdrgsch. p. 148.

Panzer Annal. II. p. 138. n. 91.

Nous ne pouvons pas affirmer les assertions de nos prédécesseurs. Il n'y a pas de doute que souvent une date manuscrite peut faire deviner avec plus ou moins de certitude l'année d'une impression, si les autres circonstances la soutiennent. Ce n'est point le cas ici. Les caractères gothiques, l'arrangement des lignes, l'encre de l'imprimeur et surtout le papier ne permettent pas du tout de le mettre à une époque aussi reculée de l'Imprimerie. Cette impression se place d'une manière très naturelle à coté de celles qu'on voit paroitre entre 1490 et 1500; et il restera, dans cette époque, toujours difficile à decider, si elle a été exécutée par Jean Schöffer ou par Medenbach, qui imprima à Mayence un *hortus sanitatis*, dont les caractères ressemblent beaucoup à ceux des statuts de Mayence de 1451.

III. De Jean Schöffer.

1501.

22. Bulla indulgentiarum ad excitandos populos contra Turcos. 2 feuilles in fol.

Cette bulle est imprimée avec les caractères de Jean Schöffer à Mayence; elle commence verso du premier feuillet:

Raymundus miseratione divina. Tituli scte Marie nove Sancte Romane Eccl'ie psbter etc.

On lit à la fin:

Datum spire anno in carnationis dnice millesimo qngentesimo primo die q'nta mensis Marcii Pontificatq Sanctissimi in xpo pris dni nostri domini Alexandri divina puidentia Pape sexti Anno decimo.

Le dernier feuillet est blanc.

1506.

23. Directorium Miſſae. in 4.

Le titre contient une gravure en bois, et à la fin on voit les écuſſons, dont on ſe ſervoit toujours à la preſſe de Fuſt et Schöffer, imprimés en noir.

Fischer Typogr. Seltenh. III, p. 126. n. 48.

1507.

24. Jacobi Archiepiscopi Moguntin. litterae de ſubsidio dando. in fol. patente.

La lettre commence :

Iacobus dei gratia Sancte Maguntinen. ſedis Archiepiſcopus. ſacri Romani imperii per Germaniam Archicancellarius etc. noſtre Moguntinen. diocesis Prepositis Decanis etc.

On lit à la fin :

Date apud Arcem Sancti Martini in civitate noſtra Maguntin. Die decima nona mensis Auguſti Anno domini Milleſimo quingenteſimn (ſic) ſeptimo.

Mandato domini Reverendiſſimi maguntini etc. Iohannes de Thalheym. U. J. Doctor Camerarius ſignificat.

1508.

25. Annuale curatorum. in 4.

Ce n'eſt qu'un fragment d'un ouvrage qui n'eſt pas connu.

1518.

26. Titi Livii Hiſtoria Romana in fol.

C'eſt une édition très rare, parceque les ſupplémens qui y paroiſſent la première fois ſont de grande importance. Elle a été payée avec 600 Livres. L'exemplaire eſt parfaitement bien conſervé.

IV. D'Erhard Revich.

1486.

37. Bernhard von Breydenbach Reiſe in das gelobte Land. in fol.

Avec beaucoup de gravures en bois.

Maittaire p. 501.

Zapf. Mainz. Buchdr. Gesch. p. 99.

Panzer deutsche Annal. p. 162. n. 232.

Panzer Annal. Typogr. II. p. 131. n. 60.

Santander II. 248. n. 346. Les deux dernières citations concernent l'édition latine.

V. De Pierre Friedberg.

ou Pierre de Friedberg.

1493.

32. Ioannes Trithemius de republica ecclesiae in 4.

Edition inconnue. On penſoit jusqu'à présent que P. Friedberg ait commencé en 1494. V. Serna Santander. 1. p. 122. mais on voit ici par deux numeros que sa preſſe étoit déjà établie en 1493.

36. Ejusdem liber penthicus de mira patris noſtri benedictione. in 4.

Imprimé par le même imprimeur à la même année.

Avec beaucoup de gravures en bois.

1494.

30. Ioannes Trithemius de ſancta matre anna. in 4.

C'eſt une impreſſion inconnue, qui ne faut point confondre avec No. 32.

31. Ioannes Trithemius de laude ſcriptorum pulcherrimus tractatus in 4.

Maittaire p. 574.

Denis Suppl. 381.

Braun. II. 260.

Zapf Mainzer B. Geſch. 112. n. 72.

Panzer Annal. Typogr. II. p. 133. n. 71.

32. Ioannes Trithemius de laudibus Stae matris Anne in 4.

Denis Sappl. p. 381.

Seemiller. IV. p. 50.

Zapf. Mainz. B. Geſch. p. 111. n. 71.

Panzer Annal. Typogr. II. 133. n. 71.

1494.

29. Defenſorium inviolatae virginitatis; in 4.

1498.

33. Ioannes Trithemius de triplici regimine clauſtrali, et ſpirituali exercitio monachorum omnibus religioſis non minus utilis quam neceſſarius in 4.

Braun. II. p. 302.

Zapf. Mainzer B. Gesch. p. 121. n. 85.

1499.

34. Ioannes Trithemius de obſervatione bursfeldensi. in 4.

Une impreſſion de Pierre Friedberg avec ſes caractères gothiques connus, que les Bibliographes n'ont pas encore decrits.

MONUMENS TYPOGRAPHIQUES DE STRASBOURG

Monumens Typographiques

de Strasbourg.

I Editions de Jean Mentel.

38. Thomas de Aquino de arte praedicandi. in fol. min.

Edition antérieure à celle de Fuſt de 1466 et de la plus grande rareté.

C'eſt un évènement très heureux que de trouver les deux éditions de Fuſt et Mentel enſemble; on les cherchera en vain dans les premières bibliothèques de l'Europe. C'eſt pour cela que nous avons cru devoir donner une comparaiſon exacte des deux éditions, la quelle prouve, ce que Laire ne faiſoit que ſoupçonner, qu'il faut attribuer l'édition originale à JEAN MENTEL. Ce reſultat eſt de grande d'importance parqu'il conſtate exactement l'époque à la quelle Jean Mentel a imprimé à Strasbourg, ce qui n'étoit connu que d'après des ſouscriptions faites à la main. Il faut en excepter peut-être la bible allemande qui porte le nom et la date de 1465, d'après Marchand hiſt. de l'Imprim. p. 55.

Ulric Zell à Cologne à préparé du même ouvrage une édition de 1467.

Comparaifon des éditions de Fust et Mentel *d'Auguftini tractatus de arte praedicandi.*

Edition mayençaife. DE *J. FUST.*	*Edition de Strasbourg.* DE *J. MENTEL.*
40 lignes fur la 1 page avec l'inscription qui eft imprimée eu rouge avec les mêmes caractères que le texte, caractères que Fischer appelle *Rota.*	39. 1. Sur la première page avec l'inscription qui eft imprimée avec des caractères plus grands et en noir.
Canon pro recommendatione hujus famosi operis sive libelli fequentis de arte prae dicandi fancti Augustini.	*Canon pro recommendacione hujus famosi operis five libelli fequentis. de arte praedicandi fancli Auguftini.*
„et hoc accidit	„et hoc accedit“
„ciuus“	„cujus“

Seconde page.

FUST 40 *lignes.*	*MENTEL* 39 *lignes.*
Non parum differentem curavi in.	Non parum differentem. hac de cauſa curávi in uſum ſuum proprium.
Quam quidem	Quam quidam.
cum id. in quodam notabili et ſatis antiquo ſpirenſis libro. de eccleſiaſtica eloquentia tractante. ſili'ter ſactu eſſe reperim.	cum id in qdam inotabili et ſatis antiquo ſpirens' eccie libro. sil'r fctm ee reperim.
Id circo permotus fui ad hoc ſtudioſius laborare. ut scd'm exemplar meum. tanto nunc ſtudio et labore quantum ſaltem potui correctum. dictus libellus. sic et taliter in brevi tepore multiplicari poſʒ ut. ad pl'moꝝ uſum et ad omunem pfectum eccleſiaſticum. facile et	*conforme* à l'édition *de Fuſt.*

FUST.	*MENTEL*
ſcito puniret qua ppter cum nullo alio modo sive modio. id expedi ciusfieripoſſe judicarem discreto viro *Iohanni Fuſt incole Moguntinensi impreſſorie artis magro. modis omib pſuasi.* quatenus ipſe aſſume' dignaretr onus et laborem. multiplicandi hunc libellum per viam impressionis exemplari meo pro oculis habito ut ipe brevi in tpe eundem libellum. ad magnam numerositatem multiplicaret. etc.	*Iohanni Mentelin incole argentinensi impreſſorie artis mgro. mois oibus pſuasi.* qtenq ipe etc.
ad quoꝝ noticiam ejus laus fama et omendatio. ſollicit. mea	ad quoꝝ noticiam laus fama et commendaco dcti libelli. ſollicit. etc.

Troisième page

FUST	*MENTEL.*
24 *lignes.*	31 *lignes.*
ſine difficultate.	ſine difficultate.
Quinymo cum mul-	Et hoc quidem. nulli
tiplici eoꝝ ꝯmodita-	ronabili viro pdica-
te et utilitate. Nam	re volenti, in poſte-
pmo vix ulla alia via.	rum poſt auditam huq
poſſent eum habere	di libelli laudem et
correctiorem. qꝫ apud	famam quomolibꝫ ve-
eundem artificem. ex	nit negligendum Eſ-
cauſa hic pmiſſa. Et	ſet enim ni fallor non
nihilominus ſecundo	m i m a negligencia.
apud ipm. habebunt	cum tam ſancti doc-
retro libellum. am-	toris talem famoſum
pliſsimam ejus tabu	libellum, de arte 7
lam alphabeticam ma-	mo pdicandi habeamq.
gno cum ſtudio ela-	7 quo de legittio
boratam. Et inſup.	mo doct'nandi in ec-
terco. poſt tabulam	clesia. non mediocri-
duas figuras. pncipa-	ter inſtruim. q' quis-
liorem materiam li-	piam pdicare voles.
bri. ſummarie et or-	poſt huidi eig famam
dinatiſſie ꝯphenden-	nunc auditam. eundem
tes. cum ſufficiente	adhuc non curaret hre,
remissione.	7 ejus directone in
	ope pdicacois ſe juva-
	re. ut in ipsis fidelibs
	ampliorem 7 majorem
	face' poſſet fructum
	ſpitalem. Suadeo autem

FUST	*MENTEL.*
	unicuiq3. hunc libellum hre desideranti. ut ppter corecto3 pdigat. a dicto mgro eum copare. quam aliude de exemplari haut dubium ming correcto undecumque accommodato rescribi. eciam ex aliqua libraija.
Que quidem tabula et figure. toto ipius libri pcio. digne sunt habende q2 reddunt ipm. ad sui usum expedicorem. quinymmo eas cum dicto libello habentes. non parum gaudebunt de ml'tis laborib3. per me in eodem. non puo tpe factis. Sciat aut quisque huc libellum a dicto artifice oparans. q3 ille alphabeti lre tam simplices q3 duplicate. ab extra per margines minores posite.deferuiunt pro jam dicta tabula libelli.	Si tn ipse. talis amator hujus libelli fuerit. qual' merito esse debebit. tmp. sola ejus correctoe dare deberet. qntup empcoe apud eundem mgrm exponere hebit. Quinymo. sola tabula ejus toto ipig pcio. digna est habenda, q'a hic reddit ipm ad sui usum aptiorem r expedicorem Quam tabulam cum libello pdicto habens non parum r. tn ut ita dixeris gratis. gaudebit de multis laboribs per me in hoc libello non puo

FUST

q. ad easdem lras remittit per singula puncta. ut sic. unumquodque in hoc libello otentoꝝ ad vota cum placuerit cito possit repiri. et nichilominus per remissionem varietatem sive pluralitatem. pateat. quid. in diversis ejusdem libelli passibꝫ. nonnunquaꝫ de eisdem punctis otineatr quod plurimum proderit. fructuose in eo ſtudere volentibq. etc. Explicit plogus.

MENTEL

tpe factis. Sciat ecia quisq3. huc libellum ab eodem mgro oparas. q' ille majores lre alphabeti tam simplices quam duplicate. intra margies imme diate ante vsalia qrulibet puntoꝝ notabilium posite. deſuiunt p ejusdem libelli tabula alphabetica in fine ejus posita. que tabula ad easdem litteras rmittit. p singula puncta. Et quisque cui placu'it. pot'it eas facil'r manu ſua per pennam. eciam i margibq nigro vl' rubeo colore ſigre. correſpondent' ad iſtas int lraꝫ poitas. qd' non paꝝ utile erit. q'a cicius in margie posite occurrent qrenti. Et sic. p. remissiones tabl'e ad ipas easdem lras. vnuquotque in hoc libello cotentoꝝ ad vota cum placuerit cito poterit reperiri

L'édition de Mentel doit être l'originale :

1. Parceque l'éditeur ne fait pas mention du tout de Mayence lorsqu'il parle des bibliothèques où il a comparé les manufcrits. Il nomme *Spire*, *Worms*, *Heidelberg* et en dernier lieu, „*tandem etiam in Argentina*“ Strasbourg; preuve qu'il chargea veritablement Mentel, qui imprima à Strasbourg, et qu'un homme favant, qui vient d'achever un manufcrit précieux, devoit connoitre.

2. Parceque la préface de l'edition de *Mentel* contient plusieurs lignes de plus, où *Fuft* place: etc. D'où Mentel auroit pu prendre ce paffage si non de l'original?

3. parceque Fuft à déjà fuivi le confeil de l'Editeur, de placer les lettres des fections en marge, que l'on trouve au contraire dans l'édition de Mentel au milieu du texte.

Ces obfervations conftatent en même tems l'époque de l'exiftence de la preffe de J. Mentel avant 1466 (année de la mort de Fuft).

Braun en a fait graver les caractères. Tab. I. n. 2.

Denis fupl. p. 5.

Panzer I. 67. n. 388.

Serna Santander II. n. 177.

39. De Ethica Ariſtotelis. in fol.

C'eſt un caractère plus grand, mais beau, et l'édition eſt ſuperbe, ſous tous les rapports typographiques. Mentel emploia ſurtout un beau noir et un ſuperbe papier. Ce petit traité eſt relié avec No. 38.

40. Ethica, politica et oeconomica Ariſtotelis. in fol. ſ. l. et a.

Edition magnifique et du plus grand prix.

Denis ſuppl. p. 494.

Braun. I. p. 14.

Laire Index. I. p. 34.

Panzer. I. 73. n. 406.

Serna Santander. I. 98. n. 145.

41. Pauli a Sancta Maria dialogus qui dicitur ſcrutinium ſcripturarum. in fol.

C'eſt une édition très belle et très rare et ſans doute antérieure à celle de Mayence.

Denis ſupplem. p. 633. n. 6579.

Laire Ind. I. p. 163.

Panzer Ann. typogr. I. 71. n. 399.

Serna Santander. III, 147. n. 909.

MONUMENS TYPOGRAPHIQUES
DE COLOGNE.

Monumens Typographiques

de Cologne

I D'Ulric Zell.

42. Bernhardi ſpeculum de honeſtate vitae. in 4. ſ. l. et a.

Fischer typogr. Seltenh. IV. 57. n. 53.

43. Notabilis quaeſtio de cuſtodia linguae et corde bene ruminanda in 4 ſ. l. et a.

Fischer typogr. Seltenh. IV. 95. n. 68.

44. Sti Egidii aurea verba. in 4 ſ. l. et a.

Fischer. typogr. Seltenh. IV. 63. n. 56.

45. 46. Bulla indulgentiarum anni 1482.

Fischer typogr. Seltenh. V. p. 80. 81.

47 - 49. Bonaventurae Regimen conſcientiae cum aliis.

Ejusdem de praeparatione ad miſſam liber.

Methodii Epiſtola de regnis gentium in 4 ſ, l. et a.

Laire I. 33.

Denis ſuppl. p. 519.

Panzer. I. 327. n. 389.

50. Auguſtini Epiſtola ad Cyrillum de magnificentiis ſti hieronymi. in 4 ſ. l. et a.

Fischer. typogr. Seltenh. IV. 86- n. 65.

51 - 53, Ioannes Gerson de meditatione ſuper ſeptem pſalmos poenitentiales.

——— ſuper conclusionem de diverſis materiis.

——— de mendicitate ſpirituali. in 4 ſ. l. et a.

Denis ſuppl. p. 573.

Panzer I. 331. n. 414.

54. Antonini Florentini opus de inſtructione ſ. directione simplicium confeſſorum. in 4 ſ. l. et a.

Laire. I. p. 14.

Panzer. I. 326. n. 376.

55. Ioannis Nideri Manuale confeſſorum; acced. Dispositorium moriendi. in 4 ſ. l. et a.

Panzer. I. 333. n. 423.

272. Ioannis Nideri tractatus de morali lepra. in 4 ſ. l. et a.

Panzer. I. 333. n. 422.

56. Ioannis Gerſonis alphabetum divini amoris. in 4 ſ. l. et a.

de Bure dans la Vall. I. 392.

Laire I. 59.

Denis ſuppl. p. 572.

Panzer. I. 330. n. 407.

57. Expositio ſymboli gloriosi Iheronymi, 29 feuillets in 4 ſ. l. et a.

(Le même ſe trouve ſous No 63.)

Laire. I. 43.

Panzer. I. 332. n. 417.

58. Pii Papae II Epiſtola ad Turcarum Imperatorem. 53 feuillets in 4 ſ. l. et a.

De Bure Cat. de la Vall. II. p. 56

Denis ſuppl. p. 639.

Panzer I. 326. n. 373.

59. Pii Papae II Bulla retractorum; datum Romae. 1463. in 4.

Panzer. I. 325. n. 371.

60. Pius Papa II ſtultos eſſe qui regibus ſerviunt. 25 feuillets in 4 ſ. l. et a.

Edition rare et inconnue.

61. Franc. Petrarchae Epiſtola de hiſtoria Griſeldis mulieris maximae conſtantiae et patientiae. 12 feuillets in 4.

Panzer. I. 333. n. 426.

C'eſt une lettre inédite, qui ne ſe trouve pas dans la collection de ſes oeuvres recueillies par Frobenius.

65. Auguſtinus de vita beata; — de honeſtate mulierum; — de honeſtate vitae. in 4 ſ. l. et a.

Denis ſuppl. p. 499.

Laire Ind. I. 25.

Panzer Annal. typogr. I. p. 326. n. 383.

66bis. Thomas de Aquino de modo confitendi et puritate conſcientiae. in 4 ſ. l. et a.

Edition inconnue.

II. De Jean Guldenschaff.

Nota. Zéll et Guldenschaff ſont des Mayençais, des apprendiſs de Fust et Schöffer, qui établirent les premières preſſes à *Cologne*.

64. Decisio conciliaris Antonini in 4 ſ. l. et a.

Très belle édition.

Fischer Typogr. Selt. V. 89. n. 84.

le même No. 69.

107. Speculum peccatorum. 4. ſ. l. et a.

Edition inconnue.

66. Sermo de passione domini. ſ. l. 1479. in 4.

Fischer Typogr. Seltenh. V. 91. n. 85.

67. Ioannes Gerſon ſuper materia celebrandae miſſae; id. forma abſolutionis. ſ. l. et a. in 4.

Celle édition paroit avoir ſorti de la preſſe de Conrad de Homborch à Cologne.

68. Sermo de conceptione gloriosi dei genetricis. in 4 ſ. l. et a.

de Bure Cat de la Vall. I. 214.

Denis Suppl. p. 572.

Panzer. I. 343. n. 492.

70. Copia bullae concilii basiliensis. in 4. ſ. l. et a.

de Bure Cat. de la Vall. I. 202.

Denis ſuppl. p. 490.

Panzer. I. 343. n. 490.

III. D'Arnold ther Hoernen.

1472.

84. Sti Servatii legenda. in 4.

de Bure Cat. de la Vall. III. 96.

Denis ſuppl. p. 18.

Panzer I. 275. n. 9.

62. Diſputatio ſuper redemptione hominis ; — meditationes circa ſeptem pſalmos. in 4 ſ. l. et a.

C'eſt une édition qui ne paroit pas connue aux Bibliographes.

1478.

112. Mich Franciſcus de Inſulis, de tempore adventus. in 4 ſ l.

Inconnu.

114. Modus confitendi, in 4 f. l. et a.

Edition inconnue; elle eft à comparer avel No. 82.

246. De origine nobilitatis, in 4. f. l. et a.

Edition inconnue.

71. Hieronymus de ordine vivendi. in 4 f. l. et a.

72. Thomas de Aquino de beatitudine aeternitatis. in 4 f. l. et a.

73. Thomas de Aquino de divinis moribus in 4 f. l. et a.

82. Thomas de Aquino de modo confitendi de miferia et fragilitate hominum. in 12.

Edition rare et inconnue.

74. Ioannes Gerfon de pollucione nocturna. in 4 f. l. et a.

Braun. I. p. 64.

Panzer. I. p. 347. n. 524.

75. Ioannis Gerſon, de cognitione caſtitatis et pollucionibus diurnibus. in 4 ſ. l. et a.

Denis. Suppl. p. 572. n. 4977.

Panzer. I. p. 447. n. 524.

76. Ioannis Gerſon, de ſimonia, — de probatione ſpirituum, de eruditione confeſſorum, — de remediis contra reciduum peccandi a confeſſoribus dandis. in 4 ſ. l. et a.

Panzer. I. 348. n. 527.

77. Daretis Phrygii hiſtoria Trojana. in 4. ſ. l. et a.

Panzer. I. p. 348. n. 527.

78. Alexandri Magni liber de praeliis. in 4. ſ. l. et a.

Celte édition eſt très remarquable à cauſe des colonnes collées. Il s'y étoit gliſſé apparement une faute; ou on avoit transposé les colonnes, parcequ'elles ne portoient ni ſignatures, ni chiffres, ni reclames; de ſorte que l'on réimprimoit la colonne, et que l'on la colloit ſur l'antérieure.

Fischer Typogr. Seltenh. VI. p. 16, décrit la même édition avec le même accident.

79. De regimine ruſticorum, in 4. ſ. l. et a.

80. De venerabili ſacramento et valore miſſarum. in 4. ſ. l. et a

81. De fraterna correctione. in 4. ſ. l. et a.

1480.

66. Quodlibet de fraternitate Roſarii in 4.

On voit à la fin le nom de l'imprimeur et ſes écuſſons imprimés en couleur rouge.

MONUMENS TYPOGRAPHIQUES DE DIFFERENTES VILLES.

depuis 1470 jusqu'à 1520.

MONUMENS TYPOGRAPHIQUES DE DIFFERENTES VILLES.

depuis 1470 jusqu'à 1520.

1470.

90. Flavii Iosephi Antiquitatum judaicarum libri XX et de bello judaico libri VII. in fol. August. Vindel. Iohann Schüssler.

Editio princeps latina.

Maittaire p. 299.

Denis. suppl. p. 5.

Zapf. Augsb. B. Gesch. I. p. 6.

Laire Index. 1. p. 223.

Panzer. 1. p. 100. p. 5.

Serna Santander. III. 51. n. 763.

1471.

1472.

83. Diodori Siculi hiſtoriarum priſcarum libri VI. e Graeco in Latinum traducti per Fr. Poggium Acced.

Cornelii Taciti de situ, moribus et populis Germaniae libellus aureus.

in fine:

Bononiae impreſſum 1472. fol.

Editio princeps.

Maittaire. p.

de Bure dans la Vall. III. 123.

Laire. Ind. I. 272.

Panzer. I. 205. n. 4.

Serna Santander. II. 373. n. 544.

1473.

1474.

85. Poſtilla fratris Thomae de Aquino in Job.

In fine.

Explicit poſtilla in Job fratris Thome de Aquino anno *millesimo quadringentesimo ſeptuagesimo quarto:* impreſſum per diſcretum Conradum *fyner d'gerhuſſen* artis impreſſorie magiſtrum. (*Eslingae*)

C'eſt un petit caractère gothique ſans reclames et ſans chiffres : contenant 42 lignes ſur chaque page.

Laire. I. 347.

Panzer. I. 379. n. 3.

86. Pſalterium breviarumque maguntinenſe quam ſumma diligentia ac multo labore ad normam veri ordinarii Moguntini emendatum.

Il commence avec les mots ſuivans :

Subjectum volumen Breviarii Pſalteriique Moguntinensis impreſſorie artis induſtria perfectum feliciter conſumatum eſt in domo fratrum clericorum communis vite Vallis Ste Marie ejusdem dioeceſeos in Rhingavia anno domni millesimo quadringentesimo ſeptuagesimo quarto' ſabbatho poſt Reminiſcere.

C'eſt par erreur que l'on a attribué cette édition à *Pierre Schöffer.*

Maittaire Ind. II. p. 507. qui indique l'année 1470.

Zapf. p. 75.

Panzer Annal. II. p. 125. n. 55.

Serna Santander II. 246. n. 542. „Edition extrèmement rare dont on ne trouve guère ſix exemplaires dans les bibliothèques principales. "

Il a exiſté effectivement une Typographie à Marienthal dans le Rheingau, (*Val ſt. Marie*, eſt *Marienthal*, non Marienhauſen comme Serna Santander l'écrit) dont les caractères ont quelque chose de très particulier, ce qui ne les fait pas confondre avec ceux de la preſſe de Mayence. En un mot ces caractères n'ont pas été employés par aucune autre preſſe du XVème Siecle.

Schunk's Beyträge. I. ſ. 414.

Fischers Typograph. Seltens. III. p. 49.

Serna Santander I. p. 517 ne connoit qu'une ſeule édition de Marienthal, mais il y a une Bulle de l'Electeur Adolph de 1468 qui eſt imprimée au même endroit. Voy. Fischers Typogr. Seltenh. VI. p. 125. ñ. 111.

Ces deux impreſſions ſont ſur papier. Mais on connoit auſſi un fragment ſur velin qui paroit appartenir à un troiſième ouvrage.

1475.

87. Jacobi de Cluſa

Tractatus de apparitionibus animarum poſt exitum earum a corporibus et de earundem receptaculis.

In fine:

Explicit tractatus eximii doctoris etc. impreſſus in oppido *Burgsdorf* anno dni *millesimo quadringentesimo ſeptuagesimo quinto.*

C'eſt un caractère gothique qui reſſemble à celui d'Ulric Zainer.

L'édition eſt ſans reclames et ſans chiffres de pages.

Maittaire. p. 356.

De Bure chez la Vall. I. 428.

Pfeiffer's Beyträge I. 127.

Panzer Annal. I. 267. n. 1.

Sema Santander II. p. 358. n. 491.

1476.

Fasciculus temporum. Coloniae. Conrad de homborch. in fol.

Avec beaucoup de gravures en bois.

Maittaire. p. 565.

Clement. VII. p. 252.

Panzer. Annal. I. p. 280. n. 38.

89. Contra Turcos specialis litania. Basiliae s. n. Typographi in 4.

Une édition rare et inconnue aux Typographes. Elle est composée de quatre feuillets.

Flavius Iosephus de bello judaico. Bononiae. Peter Mauser. s. a. in fol.

Il est possible que cette édition soit antérieure à cette année. Mais l'époque ne se laisse pas indiquer avec certitude à la quelle cet imprimeur a quitté cette ville, ayant établie plus tard (en 1480) sa presse à *Verone.*

1477.

92. Breuiarum nouum de tempore et de ſanctis in 4.

In fine :

> Explicit breviarium noum de tempore et de ſanctis p totum anni circulum. Sed'm chorı ſcti kyliani herbipolenn. Impreſſum eſt p dnm Petrum Drachen in ſpira ſub anno. M. CCCC. lxxvij.

Ce n'eſt qu'un fragment, mais d'une édition inconnue aux Typographes. Le caractère eſt très petit, il y a 40 lignes ſur une page, quoique la colonne ſoit très petite à proportion. Les lettres initiales ſont peintes. Il y a bien des ſignatures, jusqu'à Oj Ojj Oiij Iiiij (ſic) mais les chiffres des pages et les reclames y manquent. Le papier eſt fort et porte comme marque le d.

L'édition du *fasciculus temporum* du même imprimeur et de la même année, qui ne faut pas confondre avec la nôtre, eſt décrite, par :

Maittaire. p. 374.

Clement. VIII. p. 252.

Laire Index. I. p. 431.

Panzer Annal. III. p. 18. n. 6.

93. Bonifacii VIII. Sextus decretalium. Basileae. Michael Wensler. in fol. maj.

Maittaire. p. 373.

Panzer Annal. I. 148. n. 10.

1478.

94. L. C. Lactantii Firmiani opera et Neophythomon. (Venetiis.) per Ioannem de Colonia et Io. Manthen de Gheretzem. in fol.

Maittaire. p. 384.

Laire Index. I. p. 444.

Panzer. Annal. III. p. 137. 543.

1479.

95. Platinae vitae pontificum romanorum. (Venetiis.) per eosdem in fol.

Les caractères de Jean de Cologne et de Manthen de Gérc sheim font ronds et très beaux. Leurs éditions appartiennent auffi avec cèlles de Nicolas Jenson à Venice aux plus fplendides du quinzième siècle.

Denis fuppl. p. 103.
Seemiller. II. p. 55.

Panzer Annal. III. 146. n. 593.

Serna Santander. III. p. 266. n. 1102.

96. Aeneas Sylvius de duobus amantibus, Eurialo et Lucresia Lovaniae. Conrad Braem. 4.

Mailtaire. p 403
Panzer Annal. I. p. 513. n. 16.
Serna Santander place la première édition d'Ulric Zell circa 1470. voy. fon Catal. bibliogr. II. p. 16. n. 20.

1480.

97. Flavii Iosephi de bello judaico libri VII. Verona. Peter Maufer fol.

Maittaire. p. 404.

Panzer Annal. III. p. 503. n. 5.

99. Ioh. de Nannis Viterbiensis de ſtatu eccleſiae et de futuris chriſtianorum triumphis ex Genua. in 4.

Maittaire. p. 413.

Panzer Annal. I. 441. n. 2.

1481.

98. Platinae Vitae pontificum romanorum. Nürnberg. Ant. Koburger. ſol.

Maittaire. p. 418.

Laire Index. p. 50.

Panzer Nürnbergs. Buchdr. gesch. p. 61. n. 85.

Panzer Annal. II. 188. n. 89.

Cte Bouttourlin Mon. Typogr. p. 210. n. 168.

100. Psalterium Graeco-Latinum Mediolani. fol.

Edition très rare et la première du Pseautier en grec.

Serna Santander. III. p. 299. n. 1150.

101. Pet. Paul. Vergerius de ingenuis moribus ac liberalibus ſtudiis. Mediolani. Ant. Zarot. in 4.

Panzer Annal. IV. p. 356. n. 159. *b*

102. Diodori Siculi Bibliotheca ſ. Hiſtoriarum priſcarum libri VI. Venetiis per Thomam Alexandrinum. fol.

Maittaire. p. 422.

Laire. II. p. 45.

Panzer. III. p. 169. n. 531.

Cte Bouttourlin. Mon. Typogr. p. 201. n. 159.

1482.

103. Hans Tuchers Wallfahrt und Reise ins gelobte Land. Augsburg. Ioh. Schönsberger. in fol.

Panzer deutsche Annalen. p. 127. n. 158.

104. Gloſſa ſuper Apocalypſin. Impreſſa. Coloniae. in 4.

Panzer. 1. 291. n. 108.

105. Speculum aureum. Pariſiis. in 4. ſine nomine Typographi.

dans le même volume ſont contenus:

106. Ioannes Gerson de pollucione nocturnali. in. 4. ſ. l. et a

Panzer Annal. I. 347. n. 524.

108. Stella clericorum. in 4. ſ. l. et a.

Panzer. Annal. I. 341. n. 475.

109. Speculum miſſae. in 4. ſ. l. et. a.

Edition de Cologne.

110. Speculum beati Bernhardi de honeſtate vitae.

(Cologne. Conrad de Werdena)

111. Albertus de Ferrariis de horis canonicis. ſ., l. et a. in 4.

113. Bernardus de planctu ecclesiae. ſ. l. et a. in 4.

Cologne Edition inconnue de Conrad de Werdena.

115. De doctrina dicendi. Manuscrit in 4.

116.} Ars moriendi. ſ. l. et a. in 4.
117.}

Avec la traduction allemande :

Wie man sich hallen ſoll bei einem ſterbenden Menschen.

Edition de Nurnberg, inconnue aux Typographes.

118. Hygyinii Poëticon aſtronomicum.

Venetiis. August Ratold. in 4.

Maittaire. p. 430.

Laire Index. II. 263.

Panzer. 3. 189. n. 691.

Serna Santander. II. p. 43 n. 750.

Une autre édition se trouve de 1485.

1483

119. Alfontii (sic) regis castelle coelestium motuum tabulae nec non stellarum fixarum longitudines ac latitudines. in 4.

Venetiis. Erhard Ratold.

Cum figuris ligno incisis ecclipseos solis et lunae.

Maittaire. p. 442.

Seemiller. II. p. 136.

Panzer. III. p 188. n. 664.

Serna Santander II. p. 44. n. 65.

1484.

120. Ptolomaei tractatus quatuor. in 4.

Venetiis. per eundem.

Cum centiloquio ejusdem et commento Haly. Litterae initiales formis ligneis impressae.

Maittaire p. 462.

Seemiller. III. p. 7.

Zapf Augsburg. Buchdrgsch. p. 65.

Panzer Annal. III. p. 204. n. 762.

121. Diſtinctionès Ioannis Bachonis. in fol.

Pariſiis. Ludovic. Martineau.

On lit à la fin :

Doctoris reſoluti Iohannis Bachonis anglici. ordinis gloriosissime dei genitricis marie de monte carmeli liber tercius ſuper ſentencias ſumma diligentia emendatus : per venerabiles bachalarios formatos in ſacra pagina fratres Bertrandum Stephani et Iohannem mercatoris ejusdem ordinis : et provincie turonie ſuam doctrinam actu in famosissima Universitate Parisienn legentes ſeliciter explicit. Impreſſus Parisii impensis magri Ludovici martineau ejusdem provincie turonie. Anno dni 1484 et mensis Iannarii die 15.

S c u t a.

Les caractères ſont gothiques. Les colonnes ſont diviſées et portent des inscriptions avec des caractères plus grands. Il y a des ſignatures, des chiffres des pages, mais point de reclames.

122. Calendarium germanicum in fol. patente.

Avec des gravures en bois. Il commence: „Vil guter iore" il eſt ſemblable au fragment que Fischer a décrit. Voy. Ses Typogr. Seltenheit. VI. p. 93. p. 103.

1485.

123. Ariſtotelis quaeſtio ſuper librum de generatione et corruptione. in fol.

Coloniae. per Theodoricum.

Cet imprimeur de Cologne eſt peu connu.

Panzer en fait cependant mention.

Voyez ſes Annales Tom. IV. p. 274. n. 133.

300. Baptistae Platinae vitae pontificum romanorum. Impenſis Ioannis Vercelenſis. in fol.

(*Tarviſii*)

Maittaire. p. 463.

Denis Merkwürd. p. 116.

Seemiller. III. p. 28.

Panzer Annal. III. p. 41, n. 67.

Cte Bouttourlin. Mon. Typogr. p. 162. n. 214.

125. Hygyinii poeticon aſtronomicon. in 4.

Venetiis. Erhard Ratold.

Maittaire. p. 462.

Seemiller. III. p. 23.

Zapf. Augsb. Buchdr. geſch p. 167.

Panzer Annal. III. p. 214. n. 830.

La première édition eſt imprimée à Ferrare par Auguſtin Camerius; et beaucoup plus rare que celle-ci. V. Serna Santander III. p. 43 n. 749.

126. Abdilazi libellus ysagogicus, interpretatus a Ioanne Hispalienſi. in 4.

Venetiis. per eundem.

Maittaire. p. 468.

Seemiller. III. 24.

Panzer. III. p. 217. n. 839.

1486.

127. Boëtius de conſolatione Philosophiae cum commentario Thomae Aquino. in fol.

Nürnberg. Anton Koburger.

Panzer Nürnbergs Buchdr. geſch. p. 100.

Denis Supplem. p. 209.

Panzer Annal. II. 202. n. 162.

La première édition de 1476 a été décrite par Serna Santander II. p. 230. n. 317.

128. Modus legendi abbreviaturas in vtroque jure. in 4.

ſ. l. Peter Levet.

Cette édition paroit la première, qui est inconnue aux Typographes. Quelques feuilles sont gâtées par l'humidité.

291. Jacobi Wimpheling de laudibus ecclesiae spirensis poema. in 4. s. l.

(*Heydelbergae?*)

Panzer Annal. I. p. 467. n. 9.

1487.

129. Thomas de Kempis et Ioannes Gerson de imitatione Christi et meditatione cordis. in 4.

Argentorati. Martin Flach

Panzer Annal. I. p. 31. n. 100.

1488.

130. Opus magistri Petri de Rivo responsum ad epistolam apologeticam Pauli de Middelburgo de an-

no, die et feria dominicae passionis. in fol.

In Universitate *Lovaniae*. Ludov. de Ravescot.

Maittaire p. 500.

Panzer Annal. I. p. 517. n. 51.

Une seconde édition ; voyez l'année 1492.

124. Regimen sanitatis, wie sich der Mensch halten soll. in 4.

Augsburg. Anton Sorg.

Il y a plusieurs éditions de celle ouvrage, mais celle-la est inconnue aux Typographes. Une autre édition se trouve de l'année 1491.

131. Boetii Arithmetica. in 4.

In fine :

Impressa per Erhardum Ratold viri solertissimi eximia industria ex mira imprimendi arte qua nuper *Venetiis* nunc *auguste* excellit nominatissimus

Les premières éditions d'Arithmétique et d'Astronomie avec des figures très nettes furent publiées par Erhard Ratold, à ce que prouvent les éditions notées de 1483, 1484, 1485. Elles ſont devenues extrêmement rares.

Maittaire. p. 494.

Zapf Augsb. Buchdr. gesch. I. p. 82.

Seemiller. III. p. 125.

Panzer Annal. I. 114. n. 78.

1489.

132. Statuta provincialia ecclesiae magdeburgensis caeterarumque diversarum provincialium, ſub eadem exiſtentium, cura Alberti Archiepiscopi. in 4.

Lipsiae. ſ. nom. Typogr.

Maittaire Index II. 534.

Panzer Annal. I. p. 475. n. 23.

1490.

310 Sebastiani Brant de moribus et facetiis mensae. in 4.

Basiliae.

Panzer Annal. IV. p. 415. n. 311. indique une édition *ſine loco* qui paroît différente de la nôtre.

1491.

133. Regimen ſanitatis. in 4.

Argentorati ſ. nomine Typographi.

Edition inconnue.

1492.

134. Plotinus a Marsilio Ficino latine redditus commentariisque illuſtratus. in fol.

Florentiae. per Anton. Miscominum.

Maittaire. p. 537.

Laire II. p. 179.

Panzer Annal. I. p. 418. n. 131.

135. Petri de Rivo responsum de anno, etc. dominicae passionis in fol.

Lovaniae. per Iohannem de Westfalia.

Maittaire. p. 560.

Panzer Annal. I. p. 517. n. 55.

1493.

268. Corona beatae virginis. Argentinae. fol.

Maittaire. 564.

Panzer. I. 50. n. 250.

1494.

136. Quatuor novissima cum multis exemplis pulcherrimis. in 4.

Dauentriae. Iacob de Breda.

Mattaire. 581.

Panzer. I. 361. n. 79.

137. Stella clericorum. in. 4.

Daventriae. Rich. Pafraet

Denis fuppl.

Panzer. I. 361. n. 73.

138. Episcopi megarensis opus de confessione. in 4.

Dauentriae. Rich. Pafraet.

C'eft la feconde édition, la premiere étant de 1490. V. Panzer. I. 357. n. 27.

1495.

139. Iacobus Wimpheling ad principem Eberhardum Würtemberg, carmen panegyricum. in 4.

Argentorati. J. Pryss.

Panzer. I. 54. n. 281.

140. — — De nuntio angelico. ibidem. in 4.

Panzer. I. 54. 282.

141. — — Stilpho Comoedia. ibidem. 4.

Panzer. I. 54. n. 283.

142. — — Elegantes termini. 4.

Dauentriae. R. Pafraet.

Edition inconnue.

143. — — De diuina praedeſtinatione s. l. in 4.

Edition inconnue.

284. Felicianus de diuina praedeſtinatione. ſ. l. 4.

(Coloniae. ſ. Argentorati.)

Panzer IV. 65. n. 546.

285. Auguſtinus de contemptu mundi. ibidem. 4.

1496.

144. Anſchlagzettel eines Zugs wider die Türcken. 4.

Strasbourg Gruneck.

Dans le même volume ſont contenus les traités hiſtoriques ſuivans:

145. Deutsche Chronick. *Augsburg.* Ulric Zainer.

146. Vermählung Friedrich des dritten und Leonore, Königin von Portugal. Augsburg. 1503.

147. Ursprung des türckischen Volks. 1500.

148. Chronica von vielen wahrhaften geschichten bis auf 1515.

Continuée en manuscit jusqu'en 1530.

149. Baptistae Mantuani parthenices opus. ſ. l. et Nom. Typographi. 4.

(*Dauentriae.* R. Pafraet.)

Edition inconnue aux Typographes.

Panzer I. 360. n. 67. fait mention d'une édition de 1492.

150. Gasparini Epiſtolae. ſ. l 4.

(*Dauentriae*) Jacob de Breda.

Panzer Annal I. 362. n. 102.

151. Ioseph Grünspeck de Burckhausen Tractatus de peſtilentiali ſcorra. ſ. mala de franzos. 4.

Auguſtae Vindel. Ioh Froſchauer.

12 feuilles avec des gravures en bois.

Panzer Annal. I. 126. n. 160.

Un ſemblable traité en a donné aussi Sebastien Brant Eulogium de peſtilentiali ſcorra s. mala de franzos. Voy. Panzer I. 140. n. 245.

Dans le même volume ſont contenus les livres ſuivans:

152. Complexion des Menschen. 4. imprimée par Hans Schönsberger.

Cette edition inconnue aux Typographes paroit la première.

Les fuivantes et connues font:

2. de 1511 de Hüpfauff à Strasbourg. Schwindel von alten Büchern. p. 163.

Panzer deutsche annal. p. 334. n. 702.

3. de 1512. à Augsburg.

Zapf. Augsb. Buchdr. gesch p. 67.

Panzer deutsche Annal. p. 346. n. 735.

4. de 1514.

Panzer ib. p. 374. n. 801.

153. Ein Recept von einem Holz zu brauchen für die Krankheit der Franzosen. *Basel*. Nic. Lamparter. 1519. 4.

avec une gravure en bois.

Il y en une edition d'Augsbourg de 1518 qui a été décrile par Fischer Typograph. Seltenheiten. II. p 74. 12. n et dans al gem. Litterar. Leipzig. Anzeiger 1810. No. 146. p. 1396.

154. Michaelis Reinspeck Lilium Musicae. 4.

Basileae. Michel Furter.

Un poème composé de 12 feuilles.

Fischer Typogr. Seltenh. V. p. 132. n. 91.

155. Deutsche Chronick. Memmingen. sine nomine Typographi. 4.

Cette édition est inconnue.

1497.

156. Resolutorium dubiorum circa celebrationem missarum. 4.

Leipzig. s. n. Typographi.

157. Henrici de Hassia Secreta sacerdotum. in 4.

in fine:

Impressum Lyptzk per kunradum kachelouen.

Maittaire. p. 646.

Panzer. I. 487. n. 130.

1498.

158. S. Methodii opusculum divinarum revelationum. 4.

Basileae. Michael Furter.

Panzer I. 185. n. 234. IV. 259 n. 234.

159. Franciscus Petrarcha de ſecreto conflictu. in 4.

Dauentriae. Jacob de Breda.

Edition inconnue.

1499.

160. Robertus Holkot ſuper librum ſapientiae.

Basileae. ſ. nom Typographi.

Panzer. I 167. n. 114. cite une édition de 1489. n'ayant pas le livre à la main, je ne puis pas assurer, en quoi différent ces éditions.

161. Lettre d'indulgence. 12 lignes in 8.

Cette lettre eſt imprimée avec un caractère gothique très net ſur velin. Elle commence :

Frater Herrmannus Rees prior monasterii vinee beate marie in nouo Buurlo ordinis Ciftercienfis Monafteriensis dyocesis. In chrifto nobis dilecte *ac honefte matrone dicte Elifabeth Everardes habitanti In Nottelen:* Salutem in domino etc.

Les mots imprimés en *italique* font ajoutés avec la plume, de même que dans la fousciption :

Datum in noftro monafterio nouo Buurlo fub appensione noftri prioratus sigilli. Anno domini Millesimo *quadringentesio Nonagesimono (sic) Ipo die fci Lamberti Epi et mrs.*

Le sceau n'y eft pas.

La longueur des lignes, (la largeur de toute la lettre) a 7 pouces 5 lignes.

La hauteur de la colonne, ou la place qu'occupent les douces lignes fait 2 pouces 8 lignes.

Les caractères eux-mêmes ont une lignes de longueur, les capitales 1. ligne et demie. Les deux mots du commencement, „*frater hermānus*" font plus grands, les caractères ont deux lignes de longueur.

313. Philosophiae naturalis compendium. fol.

Lipsiae. Melchior Lotter

Ex Ariſtotelis, Thomae de Aquino, Egidii etc. operibus congeſto et a Ioanne Peyligh Citzensi edito.

Maittaire p. 698.

Schwarz II. p. 255.

Strauss Oper. rar. p. 243.

Panzer I. 493. n. 205.

Reich. p. 65. et Freyt. I. p. 539. pensoient que cette édition étoit de 1491, une erreur que Panzer a déja corrigée, et nous pouvons confirmer de nouveau l'opinion du dernier.

1500.

162. Breuiarium dialecticum Jodoci Isenacensis. in 4.

Erphordiae. Wolfgang Schenk.

cum ſcutis.

Panzer. I. 578. n. 7.

163. Julius Solinus de mirabilibus mundi, emendatum a Philippo Beroaldo. 4.

Bononiae. Bened. Hector.

Panzer. I. 239. n. 275.

164. Pomponius Laetus. 4.

Venetiis. Bernard.

312. Εισαγωγη προς των Γραμματων Ἑλληνων. Elementale introductorium in idioma Graecanicum in 4.

In fine:

Erphordiae per Lupambulum οινοχοον alias Schenken. 1500.

Freyt adpar. II. 748.

Panzer VI. 494. n. 3. „*Elementa haec graeca, ab auctore ignoto edita, prima sine dubio fuerunt, quae post inuentam Typographiam, litteris in Germania exscripta fuerunt.*"

1501.

165. Pomponius Mela de situ orbis. in folio.

Sine nomine Typographi.

168. } Prudentii opera.
170. } Prosperi Epigrammata

Ioannis Damasceni in Theogeniam hymnus et alii. 4.

Venetiis. apud Aldum.

171. Lettres pour inviter les princes et le peuple à marcher contre les turcs. in fol.

Celle collection de lettres concernant toutes le mêmê objet, l'invasion des Turcs, ſont de la plus grande rareté. Point de bibliographe en fait mention. Elles méritent d'être énumerées, parcequ'elles intéreſſent aussi l'hiſtoriographe.

1. Raymundi tituli ſancte Marie noue ſancte Romane ecclesie presbiteri cardinalis etc. ad Reverendissimos et illuſtrissimos ſacri Romani Imperii Senatores Nuremberge commemorantes oratio (de expeditione contra Turcos.)

2. Ejusdem Epiſtola quam ſcripsit cum in itinere Podagra invaſus non poſſet pro animi desiderio ſatis celeriter ſenatum adire ne quid temporis admitteretur in deliberanda contra turcos expeditione. *Ulmae* 30. *Iul.* 1501.

3. Ejuſdem Epiſtola ad omnes principes, praelatos etc. de eodem objecto. *Brunsvigae penultimo Martii* 1503.

4. Ejusdem Litterae ad universam Germaniam, Thraciam, etc. de expediendo contra perfidisimos, spurcissimos, rabidosque canes Turcos Christiani nominis hostes et inimicos acerrimos. s. l. et. a.

5. Sequuntur copiae litterarum quas principes scripserunt herpibolenses de eadem expeditione. 1502.

6. Litterae principum congregatorum Moguntiae. 1503.

7. Litterae Ducis Magnopolensis Gottorp. 1503.

8. Litterae Ciuitatis Lubicensis. 1503.

9. Litterae Ciuitatis coloniensis.

10. Modus cruciale sancti Georgii. 1503.

11. Litterae ad Germaniam, Daciam, (sic) Sveciam, Norvegiam, etc. *spirae* 1501.

12. Quaedam extracta de jure divino. Exhortatio ad Christicolas contra Turcos.

13. Copia articulorum tractatorum et conclusorum inter reverendissimum dominum legatum et senatum Imperii. *Nurembergae* 1501.

14. Sequuntur quaedam extracta de jure canonico.

15. Clausala extracta a quibusdam instructionibus quas legatus misit, etc. de tertia parte pecuniarum Jubilei et Confessionalium.

16. Alia clausula.

17. Modus congregandi exercitum contra Turcos sine pecuniis jubilei.

Il eſt difficile de nommer avec certitude l'imprimeur de ces différentes feuilles detachées. Il y a quelques unes de Mayence, de Nurnberg, de Cologne, de Daventre, et conséquemment de Jean Schöffer, d'Antoine Koburger, de Henri Quentel, de Richard Pafraet, etc.

172. Gerardi Syſtorp de Kempen allegatio qualiter praelati ſunt citandi ad concilium. in fol.

Caractère rond et à ce qui paroit d'un imprimeur à Boulogne.

173. Gerichtsordnung der Graffschaff Naſſau. in fol.

C'eſt une édition de Jean Schöffer et très rare Elle contient le reglement de juſtice dans les pays de:

1 Willhelm Graf zu Nassau, Katzenellenbogen und zu Dietz.

2. Ludwig, Graf zu Nassau-Sarbrücken,

3. Philipp. Graf zu Nassau, Herr zu Wissbaden und Ilzftein.

174. Bulla pleniffimae indulgentiae. Romae. 4.

Edition inconnue.

175. Hermann Bufch aerarium aureum poetarum. 4.

Coloniae. H. Quentel.

Edition inconnue.

1502.

176. Alberti Magni Summa Philosophiae naturalis. in fol.

Lipsiae. per Baccalaureum Martinum Lansperg de Herbipoli

cum scutis.

Panzer. VII. 140. n. 32.

177. Conradi Celtis Germania felix. fol.

Une édition très belle et inconnue, avec des figures gravées en bois.

1503.

178. Defensio bullae ſixtinae. 4.

Oppenheim. ſine nomine Typographi.

273. Petri Rauennati compendium Juris ciuilis. in. 4.

Albiburgi. ſ. nomine Typographi.

Panzer VI. p. 1. n. 1.

1504.

179. Regimen ſanitatis. in 4.

Argentorati. J. Pryss.

Cum editione Coloniensi no. 188.

270. Paruulus loyce cum figuris. 4.

Erfurt. Wolfgang Schenk.

Edition inconnue.

294. Petrus de Eliaco ſupra libros meteorum, de impreſſionibus aeris. 4.

Argentorati. Ioh. Pryss.

Edition inconnue.

1505.

130. Elucidarius carminum et hiſtoriarum. 4.

Argentorati impressit Iohann Pryss, civis Argentinus in edibus zum Thiergarten.

236. Ioannes Garſon (ſic) de miseria humana. 4.

Argentinae. Ioannes Grüninger.

181. De fide meretricum in ſuos amatores. 4.

S. l. (Lipsiae.)

182. Die Geſchichte der Jüden tzum ſternberng ym Lande zü Mecklenburg, die ſye begangen haben mit dem heiligſten ſacrament. 4.

Strasbourg. M. Hupfüff.

Avec des gravures en bois.

Accedit: *Von den nüwen Insulen und landen ſo yetz kürtzlichen erfunden sint durch den künig von Portugall.* getrückt zu Strasburg von mathis *hupfuff*, *in dem fünftzehen hundertſten und fünfften Jar.*

8. Feuilles in 4. avec des gravures en bois.

Cette édition n'étoit pas connue à Panzer.

1506.

183. Conradi Peutingeri ſermones conuivales de mirandis Germaniae antiquitatibus. 4.

Argentorati. J. Pryss.

Mathias Schurer recognovit editionem hanc incognitam.

134. Iacobus Wimpheling de integritate libellus. 4.

Argentorati. Ioh. Knobloch.

Panzer VI. p. 32. n. 56.

281. Sebaſtiani Brant ſomnia poema in 4.

5. Feuillets in 4. Cette édition eſt inconnue comme peut-être tout le pöeme.

1507.

185. Abrahami Avenaris Aſtrologi peritissimi Opera. 4.

Venetiis. Pet. Lichtenstein.

Panzer. VIII. p. 387. n. 401.

186. Marsilius Ficinus de religione chriſtiana. 4.

Argentorati. Ioh. Knobluch.
Panzer. VI. p. 37. n. 94.

187. Iacobi Wimphelingii oratio de ſancto ſpiritu. 4.

Phorzae. Thomas Anselm.
Panzer VIII. p. 229. n. 16.

188. Regimen ſanitatis. Coloniae. Cornel. de Zyryckzee. 4.

Panzer VI. p. 362. n. 155.

1508.

283. Ioannis Psefferkorn ſpeculum adhortationis judaicae ad Chriſtum. 4.

Coloniae. Sine nomine Typographi.

189. M. Rossi de veris animi gaudiis et al. 4.

Argentorati. Math. Schurer

Edition inconnue.

190. Henrici quarti Rom. imperatoris bellum contra ſaxones heroico carmine descriptum. fol.

Argentorati Ioannes Gruninger.

Panzer. VI. p. 39. n. 110.

191. Polydorus Vergilius de inventoribus rerum. 4.

Ibidem. eodem.

Il y a deux éditions de Schurer de Strasbourg de cet ouvrage de 1509 et de 1512. Voyez Panzer Annal. VI. p. 47. n. 173. et p. 56. n. 252. mais celle de 1508 eſt inconnue

192. Speculum adhortationis judaicae. 4.

Coloniae. Ioh. Pfefferkorn.

Panzer VI. p. 363. n. 143.

193. Passio domini. Argentorati. Ioh. Knobloch. fol.

Avec beaucoup de figures en bois ; très rare.

Panzer XI. p. 357. n. 100.

194. De judaica confessione ; cum figuris in 4. f. l. et nomine typographi.

Edition inconnue.

195. J. Reuchlin Phorzensis de arte praedicandi. 4.

Phorzae. fine nomine Typographi.

Edition inconnue aux bibliographes.

1509.

197. Iohannis Pfefferkorn Explicatio quomodo Iudaei fuum Pascha feruent. 4.

Coloniae. Henricus de Nussia.

Panzer. VI. p. 368. n. 191.

198. Roma ſancta (descriptio Romanarum ecclesiarum) in 12.

Romae per Eucharium Silber alias Frank c. figuris.

199. Hoſtis judaeorum. Coloniae per Henricum de Nussia 4.

Insunt jam caracteres hebraici, ſubscriptio ita audit: hic libellus copositus eſt p me Ioannem pefferkorn olim iudeum nunc chriſtianum. anno quinto renationis meae. Editus in Colonia Agrippinensi Impres. p. me Henricz de Nussia. Anno domini M. ccccc. IX. mensis Martias.

200. Ioannis de Castiglione Oratio. 4.

Edition inconnue.

201. Purgatorium ſ. directorium.

Coloniae. H. Quentel. 4.
Panzer. VI. p. 367. n. 179.

202. Die Weltkugel, Beschreibung der Welt, mit Holzschnitten in 4.

Edition inconnue.

307. Mathaei Bossi Veronensis de veris et ſalutaribus animi gaudiis. 4.

Accedit :

1. De inſtituendo ſapientia animo ;
2. De tolerandis aduersis.
3. De gerendo magiſtratu ;
4. De immoderato mulierum cultu.

Argentorati. Math. Schurer.

Panzer VI. p. 47. n. 172.

208. Polydori Vergilii de inuentoribus rerum libri tres.

Ibidem. eodem.

Panzer. VI. p. 47. n. 173.

1510.

203. Antonii Mancinelli ſermonum decas de livore 4.

Argentorati. Math. Schurer.

Panzer. VI. p. 49. n. 195.

Le même double sous No. 309.

204. Articuli patrum convocationis novae civitatis. 4.

S. l. et nomine Typographi.

1511.

1512.

205. Das ſchiff des Heils auf das allerkürtzeſt hie uſsgelegt nach der figur die Doctor Ioannes von Eck gemacht hat zu Ingolſtadt. 4.

Strasburg. Iohann Grüninger.

Riederer Nachrichten. II. p. 307.

Panzer's deutsche Annal. p 337. n. 708.

206. Valerii Maximi Dictorum factorumque memorabilia. 8.

Lugduni. ſine nomine Typographi.

Panzer. VII. p. 303. n. 220.

207. Doctor Murners Narrenbeschwerung. 4.

Strasburg. Mathias Hüpfuff.

Satire très remarquable avec beaucoup de gravures en bois.

Waldau p. 51.

Panzer's deutsche Annal. p. 347. n. 737.

1513.

165. Dionysius de ſitu orbis Rufo Avieno interprete. 4.

ſine loco et nomine Typographi.

1514.

208. Strozae, Herculis Titi filii, Carmina. 8.

Venetiis. apud Aldum.

Panzer VIII. p. 412. n. 621. en cite une édition de 1513; mais celle-ci paroit inconnue aux Typographes.

209. Christiani Scheurli libellum de sacerdotis et rerum ecclesiafticarum praeftantia. 4.

Hagenoae aere Conradi Hift (Typographi fpirensis) per Henricum Gran.

Panzer. VII. p. 78. n. 92.

210. Sphaera materialis geteutscht von meyfter Conrad heynvogel, anfang der kunft Aftronomy.

Cöln. Arnt von Aych.

Avec beaucoup de gravures en bois. Cette édition a reftée inconnue aux bibliographes.

1515.

211. Les grands chroniques de Savoye. 4.

Edition inconnue, avec beaucoup de gravures en bois.

167. Palaephati fcripta graeca de non credendis fabulosis narrationibus; interprete Phil. Phasiano. 4.

Bononiae. Bened. Hector.

Edition non décrite des bibliographes.

212. Computus novus ecclesiaſticus. 4.

S. l. et nomine Typographi ; editio non descripta.

1516.

213. Thomae medici Veneti, Comoedia. Oppenheim. ſine nomine Typographi. 4.

Edition non décrite.

314. Sebastianus Brandt Der Richterlich Klagspiegel, Ein nutzbarer Begriff, wie man ſeen und formiren ſol nach Ordenung der rechten ein yede clag, antwort vnd vsſgeschrechene vrteylen. etc. fol.

Strasburg. Mathis Hupfuff.

Panzer's deutsche Annal. p. 389. n. 841.

1517.

1518.

214. Quinti Curtii de rebus gestis Alexandri magni libri X. fol.

Argentorati. Schnorr.

Ceſt une édition que Panzer n'a pas connue.

Il ne fait mention que de celle de Schurer du même an in 4. Voyez ſes Annales Vol. VI. p. 89. n. 520.

215. Stromer de peſtilentia. Argentorati J. Grüninger. 4.

C'eſt peut-être l'exemplaire unique qui ſoit imprimé *ſur velin.* Accedit :

(Ioannis Croti Rubeani apologia.

Lipsiae. 1531. sur velin.)

Panzer. VI. p. 87. n. 503.

215. Hermanni Busch Pasiphili Vallum humanitatis. in 4.

In fine:

Impressum per Nicolaum Caesarem Francum orientalem coloniae in vico, qui venter felis, vulgo katzenbuch dicitur. Anno crifti incarnati. M. D. XVIII.

Panzer. VI. 379. n. 294.

Il eft bon de corriger ici une erreur qui s'eft glissée dans la table du grand ouvrage de Panzer et que l'on ne fauroit fi facilement decouvrir. Vol. 10. p. 20. après Hermanii Bufch, lifez: *Vallum humanitatis* VI. 379. n. 294. — *Poema faphicum de morte etc. Io. Murmelii Ruraemondani* Col. 1518. 4. VI. 381. 308.

217. Plinii hiftoria naturalis. Basileae. Frobenius fol.

Panzer n'a connu que les éditions de 1525. et 1530. de Frobenius. Voyez fes Annales Vol. VI. p. 248. n. 571. et p. 274. n. 766.

1519.

298. Ein recept von einem holz zu brauchen für die krankheit der franzosen. 4.

Basel Nicol. Lamparter.

Panzer ne fait pas mention de cette édition.

1520.

218. J. Reuchlin de arte fcenica progymnasmata. 4.

Lipsiae. ex aedibus Valent. Schuman. Avec des caractères de musique imprimès.

Panzer a connu fept éditions de *Leipzig* du même traité et quatre de *Schumann* de 1515, 1518. 1519 et d'une fans date, mais la nôtre ne se trouve point indiquée. Voyez fes Annales. Vol. VII p. 191. n. 525; p. 204. n. 667; p. 235. n. 210; p. 258. n. 721.

301. 302. Thomae Murneri utriusque juris tituli et regulae. 4.

Basileae. fine nomine Typographi. Panzer. VI. p. 221. n. 353.

Accedit: — de ritu et moribus Indorum; f. l. et. a.

219. Heures à l'usage de l'homme. Paris. Guill. Goddart. 4.

Avec beaucoup de gravures fuperbes en bois.

C'eft peut-être la même édition qui eft décrite par:

Thott VII. p. 143.

Panzer VIII. p. 60. n. 1139.

220. Velleji Paterculi hiſtoria romana. Basileae. Ioh. Frobenius. fol.

Panzer. VI. p. 219. n. 339.

EDITIONS SANS DATE.

EDITIONS SANS DATE

dans lesquelles ni le lieu ni la date de l'impression est indiquée, et dont on n'a pu decourir l'imprimeur.

221. Gesta Christi. s. l. et a. in fol.

Celte édition est très remarquable, parceque Schöpflin et Oberlin la regardoient comme appartenant aux primices de l'art typographique, et comme l'ouvrage de Gutenberg pendant son sejour à Strasbourg.

Schöpflin Mem. de l'Acad. de litterat. vol XVII. p. 770.

Eius Vindiciae typograph. p. 39.

Oberlin. Annales de Gutenberg p.

Mais Schöpflin et Oberlin ont commis une grande erreur en attribuant un ouvrage avec signature à une époque aussi reculée. Les signatures n'ont été employées qu'après 1471, et il ne sera pas difficile de demontrer que les *Gesta Christi* soient imprimés à la même époque.

Il y a encore deux ouvrages imprimés avec les mêmes caractères: *Henrici tractatus de quatuor virtutibus cardinalibus* et *Turrecremata meditatio-*

nes ; — l'un porte le lieu (à Spire) où il eſt imprimé, l'autre la date de 1472, — il n'y a donc plus de doute, que les *Geſta Chriſti* ne ſoient imprimés à Spire après 1471.

Les mêmes preuves ont été déjà données par Fischer ; (voy. ſon Eſſai ſur les Monumens typographiques de Jean Gutenberg. p. 62.) qu'on peut vérifier ici ſur deux éditions.

227. Henrici Ariminensis tractatus de quatuor virtutibus cardinalibus. Spirae; ſine nomine Typographi in folio.

Cet ouvrage eſt imprimé avec les mêmes caractères que les *geſta Chriſti*. On lit à la fin la ſouscription ſuivante :

Tractatus pulcherrimus de quatuor virtutibus cardinalibus per fratrem heinricum Ariminensem ad Venetos editus totam fere moralem complectens una cum exemplis et hiſtorys ex divinarumq; humanarum ſcripturarum autoribus ſumtis ad conficiendum arengas collaciones et ſermones vtiliſſimos *arte impreſſoria ſpire artifioſe effigiatg feliciter explicit.*

La ſouscription ſe trouve gravée in Ang. Mar. Card. Quirini liber sing. de optimorum ſcriptorum editionibus. Lindav. 1761. 4. p. 28. n. 27. fig. III.

Thomas Dorniberg a fait une table de cet ouvrage qui a été achevée en 1472.

C'eſt ſans doute aussi l'année de l'impression. Mais l'imprimeur n'en eſt pas encore trouvé avec certitude.

Quelques bibliographes ont pris Thomas Dorniberg pour l'auteur de l'ouvrage, telque Schwarz Ind. libr. 1. p. 5. d'autres pour l'imprimeur, telque Theoph. Sincerus Nachr. I. p. 158.

Prosper Marchand. p. 60 attribue cette impression à *Pierre Drach*, Imprimeur à Spire nous connoiſsons beaucoup d'impreſsions de *Drach*, avec sa ſignature, mais pas une ſeule qui ſoit imprimée avec les caractères des *Geſta Chriſti.*

Cet ouvrage rare exiſte auſsi dans la Bibliothèque de S. E. Mr. le Comte Bouttourlin, et ce ſavant bibliographe l'a caracterisé avec toute la précision qui lui eſt propre. Voy. ſes *Monumens Typographiques.* in 4. p. 36. n. 28. Schellhorn amoenit. litt. III. p. 102 fait de *Dornberg* un avocat de Memmingen, ſans doute parcequ'il avoit lu à la hate le commencement de l'introduction, ou parcequ'il a puisé cette erreur chez Chriſtoph Lehmann, Chronographe de Spire p. 140. mais la préface déja citée eſt très claire :

Ego Thomas Dornberg de Memmyngen Decretorum artiumque liberalium doctor et conſulatus insignis civitatis ſpirenſis advocatus multorum ſtudioſorum clericorum precibus pluries inſtigatus ut compendium theologice veritatis materias communiores, magisque neceſſarias et utiliores ad ordinem alphabeticum redigerem. etc.

222. Impression chinoise in folio patente ornée de figures gravées en bois.

Toute la planche paroit xylographique.

223. Sancti Cyrilli ſpeculum ſapientiae. 8. ſ. l. et anno in fol.

Cette édition a été exécutée ou par Conrad *Finer* d'Eslingen ou par Hugo de Göppingen.

Laire Index. T. 1. p. 123.

Panzer. I. p. 84?

Cte Bouttourlin Mon. typogr. p. 101. n. 88.

224. **Blondi** Roma triumphans sine loco et anno. in fol.

Edition superbe imprimée avec des caractères latins ronds.

Panzer II. 9. n. 32.

(Bononiae aut Mantuae ?)

Il y a aussi une édition de Frobenius à Basle de 1559. in fol. indiquée sous numero 225.

226. **Hortus** sanitatis. sine loco et anno fol. avec beaucoup de gravures en bois.

Panzer. IV. p. 144. 643 ?

228. **Thomas** de Essentia, sine loco et anno. in folio.

Imprimé par Conrad de Werdena à Cologne. voyez Fischer's *typogr. Seltenheit.* V. No. 83.

229. Turrecremata de efficacia sermonis. sine loco et anno, in folio.

Cette édition paroit être exécutée à *Ulm*.

230. Cur Deus homo. ſine loco et anno in folio.

Auguſtae ?

231. Tractatus de peſtilentia Valasti de Tarenta. ſine loco et anno, in folio.

In Valle Mariae virginis impreſſus ?

232. Ioh. Gerson de parsimonia. in fol. ſine loco et anno.

(Ulric Zainer.)

233. Die himmelsſtrasse, ſine loco et anno. in folio

Avec beaucoup de figures en bois. C'eſt une édition d'Ulm.

234. Arnold de nova villa über den Wein von Wilhelm von Hirnkofen genannt Renwart ins deutsche überſetzt. ſ. l. et a. in fol.

Nürnberg. Anton Koburger ?

235. Pitsanus de oculo morali; ſine loco et anno in folio.

Un caractère gothique aſſez grand et bien formé à peu près comme ceux d'Ulric Zainer.

237. Vocabularius latino - germanicus ſ. l. et a. in quarto.

238. La vengeance et deſtruction de Hierusalem à Paris par Trepperel et Ihannot. ſ. a. in quarto majori.

C'eſt une èdition inconnue.

239. Vocabularius latino germanicus; ſine loco et anno, in quarto.

C'eſt une très belle édition ſur très bon papier imprimée avec les caractères de Pierre Drach à Spire. Elle tombe dans l'époque de 1470, et 1475.

240. Elegantia viginti praecepta. ſ. l. et a. in 4.

C'eſt un caraclère gothique trés gros, comme quelques Imprimeurs de Baſle l'employoient entre 1490—1500.

241. Alanus de maximis theologiae, ſine loco et anno in 4.

242. Expoſitio orationis dominicae, ſine loco et anno in 4.

243. Propugnaculum fidei chriſtiani, ſine loco et anno in 4.

Cette édition eſt remarquable à cauſe des caractères hebreux qui ſ'y trouvent imprimés. Elle eſt ſans doute de Thomas Anselm à *Hagenau*.

244. Aeneae Sylvii Oratio coram Calixto papa de obedientia Friderici tertii; ſine loco et anno in 4.

245. Albertus magnus de mulieri forti, ſine loco et anno in 4.

247. De vita et miraculis Ioannis Gerson Defenſio Wymphelingii; ſ. l. et a. in 4.

248. **Herrmann Busch** de puellis Lipsiensibus, sine loco et anno in 4.

Saus doute à Leipzig par Landskirch.

249. **Eiusdem** flora in urbis Coloniae laudem. s. l. et. a. in 4.

La date de 1508 à la fin paroit aussi l'époque de l'impression. C'est un caractere rond et très petit.

250. **Badebüchel** s. l. et a. avec beaucoup de gravures en bois in 4.

Cette édition paroit la première.

Panzer's deutsche Annalen. p. 372. n. 798.

251. Die himmels fundgrub. sine loco et anno 27. feuilles in 4.

Avec les écussons de Landskirch; l'ouvrage est donc imprimé à Leipzig.

252. Vom **Schlaraffenland**. sine anno in 4.

Le caractère porte dejà la marque de la perfection avancée. Cette petite brochure eſt imprimée à *Worms* par Sebaſtien Wagner.

253 Pöeme allemand, ſine loco et anno. 8 feuilles in 12.

C'eſt un dialogue en vers entre deux amans, qui ſont auſſi figurés sur la vignette du titre. L'édition paroit avoir été exécutée à Leipzig.

Fiſcher dans ſes *Typographiſche. Seltenheiten* t. II. p. 69. n. 11. en donne une déscription trés detaillée.

254. Vitas patrum vel liber collacionum zu teutsch confectbuch. ſine loco et anno. 8 feuilles in 16.

Un poëme composé de 297 Vers qui a pour auteur Hans Folz, barbier, et ſans doute Conrad Kacheloven à Leipzig pour Imprimeur. Le titre eſt orné d'une gravure en bois représentant une caiſſe de confiseur. C'eſt une vraie matière médicale d'après les principes de Brown comme on diroit aujourd'hui, quoique l'auteur aſsure avoir puisé tout dans les anciens. C'eſt pour cela qu'il a inſcrit ſon poëme „ vitae patrum" ou pour le dire avec les mots de l'auteur :

wie wol do ſtet vitas patrum
wan der nam iſt geben darum
das aus der alten weiſen art
das puch von erſt gedichtet wart
wie enis Kümmel coriander
pey zwölferey ſpecerey alſander.
ſo liplich würden conficirt

et les dermiers vers :

wie ich an dis confect puch kum
Iſt drum es wart mir tragen ab,
wers aber vorgetrücket hab
weis ich nit dan faſt falsch es was
zu kurz zu lang und über das
an gar vil reymen vngerecht
auch daſses nimant irrung precht
übt es mich das trücken ſer
also ſpricht hans ſolcz barwirer.

Fischer Typograph. Seltenh. II. p. 52. n. 10. a fait réimprimer tout le poëme.

255. Die bücher des Doctrinals für die Laien gemacht, ſine loco et anno, 48 feuilles in folio.

Edition de Cologne ?

256. Algorismus novus de integris, compendiose ſtudioſeque ſine figurarum (more italorum) delectio-

ne compilatus. ſ. l. et. a. cum figg. in 4.

257. Thomae Murneri pöemata caſtigata, ſine loco et anno in 4.

258. Wigandi Dialogus apologeticus. ſ. l. et a. in 4.

Celte édition a été imprimée à *Oppenheim*, ville pres de Mayence dont on a très peu de monumens typographiques.

259. Böetii liber de consolatione Philosophiae, ſine loco et anno in 4.

Une ſuperbe édition à marges trés larges et à lignes très diſtantes, pour accorder de la place aux lecteurs, qui aimoient dans ce tems là à ajouter leurs remarques pendant la lecture sur les marges ou même entre les lignes.

260. Boëtius de disciplina ſcholarum, ſine loco et anno in 4.

Une édition également belle et imprimée à la manière de la précédente.

261. Anthonini opus de eruditione confessorum. s. l. et a. in 4.

Edition inconnue avec des grandes lettres initiales imprimées. Elle est de l'époque de 1470 à 1475.

262. Bernhardi speculum de honestate vite, sine loco et anno 10 feuilles in 4.

Edition inconnue.

263. Rabi Samuelis Israelitae Epistola ad Rabi Ysaac, sine loco et anno in 4.

Edition superbe avec des caractères ronds et des lettres initiales peintes. Elle est très rare et sans doute du premier tems de l'imprimerie à *Rome.*

264. Andreae Hispani Modus confitendi. sine loco et anno in 4.

Cette édition paroit être imprimée par Ulric Zainer.

265 — 267. Iohann Gerson de custodia linguae.

— — — de defectibus occurrentibus in missa.

— — — de pollucione nocturna an impediat celebrantem an non. in 4.

Ces trois impreſsions ſans lieu et ſans date, paroissent être de ſecondes éditions de ces traités qu' Ulric Zell publioit presque tous au commencement de 1470. L'imprimeur n'en eſt pas connu.

269. Die artikelen der Yrungen der Ruſsen. ſine loco et anno. 6 feuilles in 4.

On a lieu de croire que cette édition eſt faite à Strasbourg.

271. Veteris artis id eſt Porphyrii universalis, et praedicamenta Aristotelis; ſine loco et anno, in 4.

Edition inconnue. (d'Erfurt ?)

274 Resolutiones dubiorum circa publicationem Jubilaei; ſine loco et anno in folio.

Cette édition eſt composée de quatre feuilles et paroit inconnue aux bibliographes.

275. Anschlagzettelgegen die Türken. 2 feuilles in folio.

276. Fasciculus temporum omnes antiquorum cronicas complectens, ſ. l. et a. in fol.

C'eſt une édition aſſez remarquable faite d'après celles d'Arnold ther Hoernen et de Pierre Drach.

278. Arbor conſanguinitatis, affinitatis, cognationis ſpiritualis et legalis. ſ. l et a. 14. feuilles in folio.

Editio antiquiſsima cum tabulis ligno incisis.

279. Aurelius Auguſtinus de XII. abusiuis seculi. ſine loco et anno in fol.

L'imprimeur en eſt inconnu.

280. Danielis Agricolae praefatio in Polyantheam. ſine loco et anno, in 4.

286. Magni Rabi Samuelis iudei rationes breves de judaismo ad fidem catholicam.

Coloniae apud Lyskyrchen. (Ulric Zell)

Panzer 1. 344. n. 503.

Fischer Typogr. Seltenh. V. p. 70. n 78.

287 Tractatus de ſuperſtitiosis quibusdam caſibus per henricum de Gorichen compilatus in alma univerſitate ſtudii Coloniensis. 12 feuilles in 4. ſ. l. et. a.

in fine :

Explicit tractatus cujus ſupra de celebratione fèſtorum.

Cette édition, qui eſt imprimée à Cologne avec les mêmes caractères que la précédente, eſt inconnue aux bibliographes.

288. Hiſtoria de ſpiritu quodam conjurato per priorem fratrum praedicatorum. ſ. l. et a. in 4.

289. Thalmut, objectiones in dicta Thalmut ſeductoris judeorum. ſine loco et anno in 4.

Cette édition appartient à la preſse de Lansperg à *Leipzig*.

290 Praeceptorium perutile in quo praeceptorium decalogi praedicabilis compendioſe perſtringitur; ſ. l. et a. in 4.

Avec les écuſsons de Lansperg, Imprimeur à *Leipzig*. Les caractères de l'édition précedente et de celle là ſont les mêmes.

292. Correctorium quottarum canonum. Impreſsum per Fridericum Creuſsner, ſine anno in 4.

Edition très ſoignée comme engénéral celles de Creuſsner, Imprimeur aſſez connu.

293. Funebris oratio magiſtri pallantis ſpangel de margarethae morte. 4.

Heydelbergae ſ. a et ſine nomine Typographi.

295. Tractatus de informatione repellenda; ſine loco et anno in 4.

Point de bibliographe en fait mention.

296. Franciscus Philelphus de ſacerdotio ſaluatoris noſtri Jesu chriſti. (Rome 1483) ſine nomine typographi. 4.

Les caractères font préſumer que la date qui s'y trouve ſoit en même tems celle de l'année de l'impreſsion. Cette édition mériteroit donc une place parmi les éditions connues, quoique les Typographes n'en faſſent pas mention.

298. Sententie uberiores ex ſcriptis beati thome et venerabilis alberti ſup octo libros Phyſicoꝝ ariſtotelis in ſtudio coloniensi ſummatim congeſte. ſ. l. et a. in folio.

Edition superbe et inconnue aux Typographes exécutée par Martin Lansperg à *Leipzig*. Elle eſt composée de 25 feuilles in folio et a des ſignatures. Le papier eſt beau et fort, les lignes ſont très diſtantes; il n'y en a que 25 dans une colonne non interrompue. Les lettres initiales ſont ajoutées en petits, à la manière des imprimeurs italiens pour faciliter l'ovrage de l'enluminateur. Chaque page porte l'inscription en gros caractères: „ *ſumma ſententiarum quarti libri.* etc"

299. Tractatus phyſici, anatomici, mathematici, manuscripti. in folio.

303. Iohannis Caron Marchyanenſis ad Erhardum Bertotum opuſculum tumultuarium. ſ. l. et a. in 4.

Un pöeme imprimé à Daventre, avec une gravure en bois.

304—306. Auli Persii Flacci ſatirarum opus; ſine loco; Anton. Denidei, in 4.

Horatii Epiſtolae ſ. l. et. a. in 4.

Quinti Horatii F. Odae. ſ. l. et. a.

Editiones rariſsimae, Dauentriae, vti videtur, a Richardo Pafraet impreſsae.

315. Almanac allemand. ſ. l. et a. avec des gravures en bois. 8. feuilles in 12.

Le titre eſt orné d'une gravure en bois, repréſentant un lion ailé et couronné qui tient un livre, avec les lettres M. R. jointes par une croix. Il eſt conçu en ces termes:

Dis iſt der Cursch vnser lieben
Frowen mit vil andern güten cur
ſen vnd gebetten von allen heiligen.

Toutes les gravures en bois trahiſsent une main ſure, ſurtout celles de la ſeconde page, qui eſt tout a fait xylographique, même avec le texte, et exécutée d'une manière très molle et tendre. Chaque mois a ſes vignettes. Il eſt difficile d'en trouver la date et l'Imprimeur. On seroit peut être tenté de prendre le tout pour un monument xylographique, si les mois n'étoient pas imprimés en double couleur, rouge et noir, qui ne ſont cependant pas placées par un coup de preſſe, comme le faisoit Peter Schöffer et quelques autres après lui, mais ici on s'eſt servi d'une double impreſsion, la première a fourni les caractères rouges, l' autre les caractères noirs, parcequ'il y a quelques caractères rouges qui sont non ſeulement touchés mais encore en partie couverts par les noirs.

316—335. Codices vel membranacei vel bombycini ſequentes ſunt:

1. De Friderico imperatore ſecundo. in fol.

2. Anecdota hiſtorica annorum 1253. et sqq. fol.

3. Ottonis Regis Romanorum aurea bulla in fol.

4. Urkunde über die Salzritter. von 1352. fol.

5. De ſtatu Curiae romanae. fol.

6. Beschreibung des Biſthums Basel und andrer ſtädte der Schweitz. in fol.

7. Hiſtoria ſti Willigisii, codex membranaceus. 4.

8. Tractatus physici, codex membranaceus. 4.

9. Calixti ſermones et epiſtolae in 4.

10. Miracula mundi, manuscrit allemand avec beaucoup de deſseins.

11. Des pöemes allemands in 4.

12. Excerpta ex Hippocrate et Galeno. in 12.

13. Böetius de disciplina ſcholarum et al. in 12. Codices membranacei.

14. Codex ſancti Hidulphi. Codex membranaceus. in 12.

15. Obſervationes ad Capitulationem Imperatoris Caroli VI. 4.

16. Galeni Opera medica et de vsu partium. Codex membranaceus ; in 4.

17. Hiſtoire ancienne; manuscrit allemand. in folio.

18. Parabole Salomonis, Codex membranaceus in 4.

19. Poème allemand de 1386, in 4.

NOTE
SUR LA PREMIÈRE GRAVURE
avec date.

NOTE D'UNE GRAVURE

SUR METAL

de 1422.

L'invention de l'art de la gravure et son hiſtoire première eſt encore couverte de tant d'obscurité que l'art de la Typographie, qui cependant dans les tems modernes a reçu quelques éclairciſsemens appuyés sur des fondemens qui, auſsitôt qu'ils ſeront raſsemblés ne manqueront pas de jetter un grand jour sur une découverte qui eſt faite pour repandre la lumière sur le globe.

Le peu de données qui exiſtent sur l'art de la gravure nous font ſoupçonner, qu'elle eſt plus ancienne que nous ne pensons. Ce n'eſt pas ici le lieu d'en donner des preuves, je cite ſeulement les eſtampilles des romains dont nous connoiſsons plusieurs exemples, les tablettes d'ivoire dont parle Quintililien, et autres qui prouvent qu'il manquoit peu de chose à la gravure pour être ſusceptible de réimpreſsion. (*)

Nous poſsédons de tous les ſiècles des inscriptions ou des gravures sur métal. Je citerai ici encore deux lames de plomb, moins connues, que le comte Vincenzio Machirelli trouva dans la cathédrale d'Imola. Elles portent la date de 1362. et de 1383. (**)

Mais si l'on veut considérer la gravure sur métal comme écriture et non accom-

---

(*) Voyez ſection 1. circonſtances qui auroient pu accélerer la découverte de la Typographie; dans Fischer, Essai sur les monumens Typographiques de Jean Guhenberg. in 4. p. 13. et ſq. Heinecke, Murr Jansen et autres nous en ont auſsi corservé des exemples.

(**) V. Pasquale Amati *Biblioteca antica e moderna di ſtoria letteraria* etc. In Pesano 1766. 8. Tom. 1. p. 397. §. III. L'une des inscriplions porte, en la copiant ſans abbreviations: „† 1382. *die* 9. *ſeptem-„bris inclytus infans Nicolaus Natus Magnifici et „Excelsi Domini Domini Beltrandi de Alidosiis evo-„lavit ad coelos et* 1383. *die* 27 *Decembris inclita in-„fantula Rechelta nata ejusdem Magnifici domini „regnatura cum Angelis debitum persoluit conditio-„nis humanae; Quorum oſsa in hac capsula condita „requiescunt.*"

modée à l'impreſsion, elle eſt peut être auſſi ancienne que l'écriture ſur des tablettes de cire.

La plus ancienne planche contenant une écriture qui paroit être faite avec des poinçons eſt celle qui se trouve dans le Museo - Borgia à Veletri. (*)

Un autre monument de gravure ſur metal d'une très haute antiquité et qui pourroit être imprimé, ſans que l'artiſte parut l'avoir fait dans cette intention, eſt une planche de cuivre doré, qui contient plusieurs figures gravées en creux. Elle couvre la reliure d'un manuscrit sur vélin du huitième siècle que j'ai vu à la Bibliothèque de Mayence.

Les Egyptiens paroiſsent avoir connu l'art de graver sur l'argent il y a plus de 3000. ans (**)

(*) Ignarra de *phratriis primis graecorum policitis ſocietatibus*. Neapoli. 1797. 4. p. 165. sq.

(**) Vivant Denon Voyage dans la baſse et haute Egypte, à Paris. 1802 fol. t. 98.

Benevenuto Cellini dell' Oreficeria; Firence, 1731. 4. cap. II. dell' arte del niellare, e del modo difare il niello, p. 22.

Le monument de gravure sur métal que je vais decrire prouve de nouveau l'affertion de Mr. de Murr que l'art de la gravure a été inventée en Allemagne. Il adopte fix époques de l'art de graver fur cuivre en datant la première de 1440 jusqu'a Wohlgemuth. (*) Il faut donc reculer cette époque de beaucoup, conformément a la date de notre gravure.

La plus ancienne gravure connue jusqu'ici eft:

1. de 1423, Saint Chriftophe portant l'enfant Iesus *en bois*.

Heinecke idée générale. p. 106.

v. Murr Journal l. c.

Iansen Efsai sur l'origine de la gravure. Paris. 1808. 8 Tom. I. p. 135.

Il y a une fainte Brigitte dans la collection de Mr. le Comte, qui eft fans doute antérieure au faint Chriftoph et qui mériteroit une copie. C'eft

(*) Von Murr Journal zur Kunftgeschichte und Litteratur. Vol. I. p. 250.

domage qu'elle ne porte pas de date. Mais les lettres S. P. Q. R. *Senatus populusque romanus* pourront aider à en découvrir l'âge.

2. 1440 la paſsion, gravée en bois rr feuilles in 8.

Catalogue de Paul Behaim p. 751.

Murr Journal. II. p. 193.

Heinecke Nachrichten von Künſtlern p. 278.

Le même Neue Bibl. der ſchönen Wiſsenſch. XX. p. 238.

Murr Beytr. zur Geſch. d. älteſt. Kupferſtiche. Augsburg. 1804. 4. p. 14.

Ianſen Eſsai. I. p. 235.

3. 1443. Ste Dorothée et ſt Alexis.

Murr Journal. l. c.

Ianſen Essai I. p. 136.

4. 1454. l'image de ſt. Bernard.

Elle se trouve à la Bibliothèque Impériale de Paris.

Jansen Efsai I. p. 257.

5. 1455. Un *Ecce homo* avec la marque d'un W. en taille douce.

— Sandrat. II. p. 220.

Murr. Beyträge p. 14.

Iansen. I. p. 238.

6. 1457. Les lettres initiales du pseautier et des Donats de la presse de Mayence.

Fischer Effai.

7. 1461. La dédicace des anges, (die Engelweih etc.) avec la marque d'E. S.

Knorr, Künftler hiftorie. p. 9.

Murr. Beyträge. p. 15,

Ioseph Strutt, biographical dictonary containing un hiftorical account of all the engravers from the earleft period of the art of engraving to the present time. London 1785. 4. Tom. I. p. 15.

Iansen Efsai I p. 239.

8. 1466. la sainte vierge, deux planches avec cette date.

Heinecke idée générale p. 25.
v. Murr Journal. V. p. 34. VI. p. 39,
v. Murr Beyträge. p. 16.

9. 1467. Une ſainte vierge in 8. decouverte par Mr. Oberlin.

Janſen Eſſai I. p. 240.

Je termine avec cette année la liste chronologique des gravures en bois et en métal, pour y ajouter la description d'une gravure en métal qui eſt antérieure à toutes celles que je viens de citer.

Cette gravure a été decollée d'un manuscrit qui par le papier et l'écriture eſt parfaitement conforme à la date qu'elle porte. Elle représente le prêtre proſterné devant l'autel avec ſes acolytes. On voit que la perspective, surtout quant à l'enceinte de l'autel de coté, et par rapport aux figures repréſentées sur le mur de l'égliſe n'eſt pas encore obſervée ſuivant les règles de l'art. Elle porte la ſouscription ſuivante:

Ley dis

Ao) 1422°∴ dm⁚ et 14°∶∶ dis s

Je n'ai rien pu découvrir ſur l'artiſte, desorte que je croyois pouvoir ſoupçonner qu'il falloit lire, „laudis" pour indiquer le commencement de la prière que l'écclésiaſtique prononce. Il n'y a pas de doute que la dernière ligne ne contienne la date à laquelle cette gravure a été achevée:

Anno 1422° *domini* et 14° die *ſeptembris.*

J'ai fait copier la planche aussi exactement que poſsible, afinque le lecteur la puiſſe examiner lui-même.

TABLES ALPHABÉTIQUES.

I. TABLE DES AUTEURS.

F.

G.

Q.

R.

S.

U.

V.

W.

II. TABLE DES IMPRIMEURS.

III. TABLE DES VILLES.

www.ingramcontent.com/pod-product-compliance
Ingram Content Group UK Ltd.
Pitfield, Milton Keynes, MK11 3LW, UK
UKHW020333230726
13925UKWH00002B/770